Schwandt



# Deutsche Grammatik

Umfassende Arbeitsanleitungen
Mit Übungen und Lösungen

von Paul Kremer und Detlef Nimtz

Ehrenwirth · Nachhilfen

Die Deutsche Bibliothek – CIP-Einheitsaufnahme

**Deutsch-Training** : Hilfen für den Deutschunterricht. –
München : Ehrenwirth.
Darin aufgegangen: Deutschhilfen, Nachhilfen

Deutsche Grammatik : umfassende Arbeitsanleitung ; mit
Übungen und Lösungen / von Paul Kremer und Detlef Nimtz.
– 1993
(Ehrenwirth-Nachhilfen)

ISBN 3-431-03163-3
8., überarbeitete Auflage


Satz: Tutte Druckerei GmbH, Salzweg-Passau
Druck: Landesverlag Linz
Printed in Austria 1993

Den Rätseln ihrer Regeln, den Plänen
ihrer Gefahren nahezukommen, ist ein
besserer Wahn als der, sie beherrschen
zu können.

Karl Kraus, Die Sprache

# Inhalt

# Vorwort

In seinem Werk »Von deutscher Sprachpflege« schreibt Gottfried Wilhelm Leibniz:

> Es ist bekannt, daß schon Kaiser Karl der Große an einer deutschen Grammatik hat arbeiten lassen, und nichts desto minder haben wir vielleicht keine bis dato, die zulänglich; und ob zwar einige Franzosen sich darüber gemacht, weil viele ihrer Nation sich seit einiger Zeit aufs Deutsche zu legen begonnen, so kann man doch leicht erachten, daß diese Leute dem Werk nicht gewachsen gewesen.

Nachdem Leibniz auf die Mühen und Schwierigkeiten hingewiesen hat, die die Franzosen und die Italiener mit ihrer eigenen Grammatik hätten, obwohl die lateinische Sprache beider Sprachen Mutter sei, fährt er fort:

> Ob nun schon wir Deutsche uns also desto weniger zu verwundern oder auch zu schämen haben, daß unsere Grammatik noch nicht in willkommenem Stande, so dünkt mich doch gleichwohl, sie sei noch *allzuviel* davon entfernt und habe daher eine große Verbesserung nötig, es sei also auch dermaleinst von deutschgesinnten Gelehrten solche mit Nachdruck vorzunehmen; und zwar nicht allein, um uns selbst aus einigen Zweifeln zu helfen, weil endlich solche nicht gar so wichtig sind, sondern auch, um sowohl unsere Leute zu unterrichten, zumal diejenigen, die kein Lateinisch studiert haben, welche gar oft schlecht deutsch schreiben, als auch, um den Fremden die deutsche Sprache leichter und begreiflicher zu machen; dies würde zu unserm Ruhm gereichen, andern zu den deutschen Büchern Lust bringen und den von etlichen gefaßten Wahn benehmen, daß unsere Sprache der Regeln unfähig sei und aus dem Gebrauch fast allein erlernt werden müsse.

Goethe schreibt einen Monat vor seinem Tode in dem vorletzten Brief an seinen Freund Carl Friedrich Zelter:

> Die Grammatik rächt sich grausam an ihren Verächtern.

Diese *Deutsche Grammatik* ist aus über dreißigjähriger Arbeit in Schule, Universität und Sprachkursen erwachsen und hat sich bewährt. Sie ist für Anfänger und für Fortgeschrittene geeignet. Sie stellt den Stoff klar und übersichtlich dar, berücksichtigt alle wichtigen grammatischen Bestimmungen und Bestimmungshinsichten und vermittelt darüber hinaus das Wichtigste aus Zeichensetzung, Wortbildungslehre und Bedeutungslehre. Ihre Vielfalt ist geeint durch die leitende Absicht, Einblick in die grammatischen Beziehungen und Abhängigkeiten und damit in die Sinnzusammenhänge der Sprache zu ermöglichen.

In einem Übungsteil finden sich Aufgaben und Lösungen, in einem Verzeichnis die Verdeutschung der grammatischen Begriffe, in einem Register die genauen Angaben darüber, wo die einzelnen grammatischen Probleme behandelt sind. Das Register macht diese *Deutsche Grammatik* als Nachschlagewerk zugänglich und ermöglicht zugleich umfassende Überblicke über die einzelnen grammatischen Gegenstände.

Die Kenntnis der Grammatik fördert sowohl die Fähigkeit des Hörens und des Lesens als auch die des Sprechens und des Schreibens. Die Grammatik ist auf Grund der Anleitung zu grammatischer und gedanklicher Analyse der Sätze für sinnvolles und kritisches Sprechen und Hören unentbehrlich. Sie schafft die Grundlage, den eigenen Stil zu verbessern, und erleichtert durch das vermittelte Grundwissen auch das Erlernen fremder Sprachen. Frucht der Arbeit ist nicht nur die Erweiterung der Sprachkenntnisse und damit die Fähigkeit, alles richtig zu bestimmen, sondern auch die Förderung des Sinnverständnisses und damit zugleich die Gabe, Mehrdeutigkeiten zu erkennen und auch auf diese Weise dem deutenden Denken Wege des Fragens und der Besinnung zu eröffnen.

Wohl nicht nur im Blick auf die unmittelbar erfahrbare Wirklichkeit, sondern auch im Blick auf die in der Sprache begegnende gilt Goethes denkwürdiges Wort:

Was ist das Schwerste von allem? Was dir das Leichteste dünket:
Mit den Augen zu sehn, was vor den Augen dir liegt.

Neuss und Münster, Mai 1993

P. Kremer
D. Nimtz

## Hinweise für den Leser

Wer sich die Grammatik ohne die Anleitung eines Lehrers erarbeiten muß, kann folgendermaßen vorgehen:
Er beginne mit dem Satz und seinen Teilen (S. 81ff.), und zwar in folgender Reihenfolge: Übersicht (S. 81), Sätze mit verbalem Prädikat (S. 82), Sätze mit nominalem Prädikat (S. 83), Sätze mit Prädikatsnomen beim Vollverb (S. 84), Sätze mit Modalverb als Prädikat (S. 10f. und S. 103), Sätze mit A.c.I. (S. 53f.), Sätze mit Modalverb als Prädikat und mit A.c.I. (S. 54). Dabei muß er sich erarbeiten: die Arten der Satzteile (S. 81–95), die Wortarten (S. 9ff.), die Wortformen (S. 19ff.), die Formen der Satzteile (S. 96ff.), die Abhängigkeiten und die Beziehungen der Satzteile (S. 103f.). Es ist ratsam, die Kapitel »Arten der Satzteile« und »Formen der Satzteile« parallel durchzuarbeiten. Nach der Bewältigung all dieser Aufgaben kann er die Kenntnisse an den Übungen (S. 169–174) überprüfen.

Nun wende er sich den Arten der Sätze zu: Hauptsätze (S. 105ff.), Nebensätze (S. 110ff.), mache sich mit den Regeln der Zeitverhältnisse vertraut (S. 73ff. und S. 125ff.), erarbeite sich die indirekte Rede (S. 129ff.) und lerne die Analyse der Satzgefüge kennen (S. 133f.). Nach all dem kann er die Regeln der Zeichensetzung erlernen (S. 135ff.).

Wer die Grammatik durchgearbeitet hat, kann seine Kenntnisse an den Übungen zur indirekten Rede (S. 174ff.) und zu den Satzschemata und Kommaregeln (S. 180ff.) überprüfen.

# DAS WORT

Es gibt veränderbare und un-veränderbare Wörter.
Die veränderbaren Wörter heißen flektierbare; ihre Form läßt sich verändern.
Die unveränderbaren Wörter heißen un-flektierbare; ihre Form läßt sich nicht verändern.
Die Veränderung der flektierbaren Wörter heißt Flexion.

## Die Wort-arten

### 1. Die flektierbaren Wörter

| | |
|---|---|
| Nomina | |
| Substantive[1] | (Haus, Freude) |
| Artikel | (der, ein) |
| Adjektive | (gut, groß) |
| Pronomina | (ich, welcher, dieser) |
| Numeralia | (zwei, zweiter, viele) |
| Verben | |
| Vollverben | (lesen, helfen, laufen) |
| Modalverben | (können, vermögen) |
| Hilfsverben | (haben, sein, werden, bleiben) |

### 2. Die un-flektierbaren Wörter

| | |
|---|---|
| Adverbien | (hier, jetzt, so, deshalb) |
| Präpositionen | (in, nach, wegen) |
| Konjunktionen | (und, denn; als, weil) |
| Interjektionen | (oh, ach) |

1) Alle Wörter (außer dem Artikel) lassen sich substantivieren, d. h. zu einem Substantiv machen:
Wir wünschen euch alles *Gute*.
Gestalten einer Dichtung sind Emanationen des dichtenden *Ich*.
Die *Sieben* ist eine Primzahl.
Ich wurde beim *Lesen* vom Schlaf übermannt.
Er tröstete die *Trauernden*.
Die *Gefangenen* werden freigelassen.
Mich kümmert nicht das *Gestern* und nicht das *Morgen*, mich kümmert einzig das *Heute*.
Ich erwog das *Für* und *Wider*.
Wenn die Pflicht ruft, gibt es kein *Wenn* und kein *Aber*.
Ich kann dein ewiges *Weh* und *Ach* nicht länger ertragen.

# Die Arten der Verben

Es gibt drei Arten von Verben:
Voll-verben, Modal-verben, Hilfs-verben.[1]

## 1. Die Vollverben

Vollverben ermöglichen ohne ein weiteres Verb eine Aussage.
Vater *liest.*

Es gibt

**a)** transitive Vollverben
Der Vater *lobt* den Sohn.
Transitive Verben haben ein Akkusativobjekt
und bilden in der Regel ein persönliches Passiv.
Der Vater lobt *den Sohn.*
Der Sohn *wird* vom Vater *gelobt.*

**b)** in-transitive Vollverben
Ich *helfe* dem Freund. Ich *laufe.*
Intransitive Verben haben kein Akkusativobjekt
und bilden kein persönliches Passiv.

## 2. Die Modalverben

Modalverben haben den Infinitiv eines anderen Verbs als Objekt bei sich und haben kein Substantiv als Objekt.
Er *kann* lesen.
Er *vermag* zu lesen.

Es gibt zwei Arten von Modalverben:

**a)** Modalverben, die einen Infinitiv ohne »zu« bei sich haben:
wollen, sollen, können, dürfen, müssen, mögen
Er *will* kommen.
Er *soll* kommen! Er *soll* kommen.
Er *kann* lesen.
Er *darf* kommen.
Er *muß* kommen.
Er *mag* kommen.

1) Die Modal-verben und die Hilfs-verben haben sich aus Voll-verben entwickelt.
Einige Verben gehören je nach Bedeutung und Gebrauch zu verschiedenen Verb-arten.

**b)** Modalverben, die einen Infinitiv mit »zu« bei sich haben:
brauchen, pflegen, versprechen, drohen, verstehen, wissen, vermögen, scheinen

Er *braucht* nicht zu arbeiten.
Er *pflegt* abends zu lesen.
Es *verspricht* gut zu werden.
Es *droht* schlecht zu werden.
Er *versteht/weiß* zu gefallen.
Er *vermag* zu lesen.
Er *scheint* Arzt zu sein.

### 3. Die Hilfsverben

Als Hilfsverben werden gebraucht die Verben
»haben, sein, werden, bleiben«.

**a)** »haben, sein, werden« *geben* Hilfe:
sie werden gebraucht, die zusammengesetzten Formen der Verben zu bilden.

Ich *habe* gesungen.
Ich *bin* gelaufen.
Ich *werde* verreisen.
Ich *werde* gelobt.

**b)** »sein, werden, bleiben« *brauchen* Hilfe:
sie werden mit einem Nomen zu einem nominalen Prädikat verbunden.[1]

Vater *ist / wird / bleibt* Arzt.
Vater *ist / wird / bleibt* froh.

Das *nominale Prädikat* hat zwei Teile:
einen *verbalen* Teil: das Prädikats-*verb*,
einen *nominalen* Teil: das Prädikats-*nomen*.

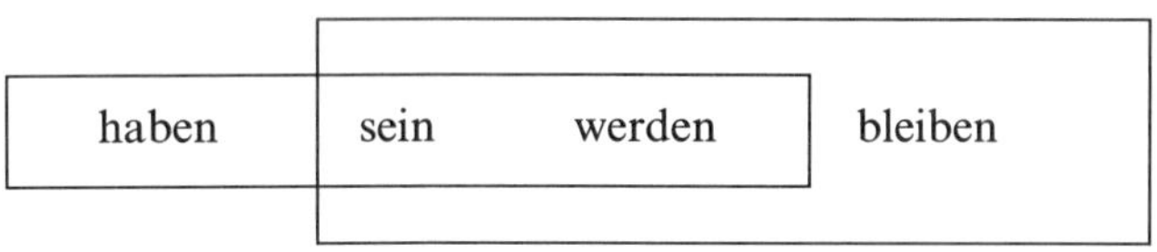


---

1) »bleiben« scheint bisweilen einen Infinitiv ohne »zu« bei sich zu haben. Der Infinitiv ist eigentlich kein Infinitiv, sondern ein Partizip Präsens, das nach dem Wegfall der Endung mit dem Infinitiv gleich lautet.

*stehen bleiben* < stehend bleiben

**Zugehörigkeit zu verschiedenen Verb-arten**

**1.** »brauchen, pflegen, versprechen, drohen, verstehen, wissen, scheinen« sind Modalverben oder Vollverben.
Als Vollverben haben diese Verben (außer »scheinen«) ein nominales Objekt oder ein Satz-objekt bei sich.

Ich *brauche* Geld.
Er *pflegt* den Kranken.
Er *versprach* ihr goldene Berge.
Er *drohte* mir mit einer Strafe.
Er *versteht* keinen Spaß.
Er *weiß*, daß er mich braucht.
Die Sonne *scheint*.

**2.** »haben, sein« und »bleiben« sind Hilfsverben, Vollverben oder Modalverben.
Als Vollverb bedeutet »haben« so viel wie » (in der Hand) halten; besitzen; behaftet sein mit« und hat ein Akkusativobjekt bei sich.

Ich *habe* Geld. Ich *habe* Fieber.

Als Vollverb bedeutet »sein« so viel wie »dasein, existieren«.

Ich habe Vorstellungen, also *bin* ich.

Oder »sein« bedeutet so viel wie »sich befinden« und hat dann eine Ortsangabe bei sich.

Ich *bin* in der Schule.

Als Vollverb bedeutet »bleiben« so viel wie »weiterhin dasein, sich weiterhin befinden, verweilen«.

Herr, *bleibe* bei uns!

Als Modalverb bedeutet
»haben« so viel wie »müssen«,
»sein« so viel wie »können« oder so viel wie »müssen«,
»bleiben« so viel wie »noch müssen, weiterhin müssen«.
Als Modalverben haben sie einen Infinitiv mit »zu« bei sich.

Du *hast* zu gehorchen.
Es *ist* kaum zu glauben.
Er *ist* zu bedauern.
Das *bleibt* abzuwarten.

# Die Arten der Adverbien

Adverbien sind unveränderbare Wörter. Sie stehen in der Regel bei einem Verb und drücken aus:

**1.** *wo* etwas ist oder geschieht (Ort)
**2.** *wann* etwas ist oder geschieht (Zeit)
**3.** *wie* etwas ist oder geschieht (Weise)
**4.** *warum* etwas ist oder geschieht (Grund)

Es gibt zwei Arten der Adverbien:
reine Adverbien und adjektivische Adverbien.

**Das reine Adverb**

Reine Adverbien sind nicht aus Adjektiven entstanden.
Es gibt vier Arten der reinen Adverbien:

**1.** die Adverbien des Raumes
Die Adverbien des Raumes bezeichnen
**a)** den Ort (Frage: wo?)
*Dort* wohne ich.
**b)** den Ausgangs-punkt (wo-her?)
*Dorther* komme ich.
**c)** das Ziel (wo-hin?)
*Dorthin* gehe ich.

**2.** die Adverbien der Zeit
Die Adverbien der Zeit bezeichnen
**a)** den Zeit-punkt (Frage: wann?)
*Gestern* war ich zu Hause.
**b)** die Zeit-dauer (wie lange?)
Sie war *stets* fröhlich.
**c)** die Häufigkeit (wie oft?)
Ich habe *oft* an dich gedacht.

**3.** die Adverbien der Art und Weise
Die Adverbien der Art und Weise bezeichnen
**a)** die Weise, (Frage: wie?)
in der sich eine Handlung vollzieht;
*Wie* soll ich mich kleiden?
*So* sollst du das machen!
Ich habe dir *gerne* zugehört.
**b)** das Mittel, (wo-mit? wo-durch?)
mit dem eine Handlung vollzogen wird.
Ich habe ein Fahrrad und fahre *damit* zur Arbeit.

**4.** die Adverbien des Grundes

Die Adverbien des Grundes bezeichnen

**a)** den Grund, die Ursache (Frage: warum?)

Ich bin *deinetwegen* gekommen.

**b)** den Zweck, die Absicht (wes-halb? wo-zu?)

Ich will gesund werden und höre *deshalb* auf zu rauchen.

Reine Adverbien sind als Satzteil
adverbiale Bestimmung:

Ich habe dich *hier oft* und *gerne* besucht.

Attribut:

Das Haus *dort* gehört mir.

oder attributive Bestimmung:

Dieser Winzer hat *sehr* guten Wein.

Reine Adverbien, die aus einem Interrogativ- oder einem Demonstrativ-adverb und einer Präposition bestehen, heißen Pronominal-adverbien
(wor-um, dar-um; wo-mit, da-mit; wor-auf, dar-auf u. a.).
Die Pronominaladverbien stehen an Stelle einer präpositionalen Wendung, d. h. der Verbindung eines Nomens mit einer Präposition.
Als Satzteil sind sie
adverbiale Bestimmung:

*Wo-mit* fährt er zur Arbeit?

*Mit dem Fahrrad* fährt er zur Arbeit.

präpositionales Objekt:

Er dachte *über die Aufgabe* nach.

Er dachte *dar-über* nach.

oder präpositionales Attribut:

Er verlor nie die Freude *an seiner Arbeit.*

Er verlor nie die Freude *dar-an.*

**Das adjektivische Adverb**

Adjektivische Adverbien sind von Adjektiven abgeleitet.[1]
Adjektiv: Peter ist ein *schneller* Läufer.
Adverb: Peter läuft *schnell.*
Die adjektivischen Adverbien sind als Satzteil in der Regel adverbiale Bestimmung der Art und Weise:

Peter läuft *schnell.*

Bisweilen sind sie attributive Bestimmung:

Peter ist ein *erstaunlich* schneller Läufer.
Peter läuft *erstaunlich* schnell.

**Die Komparation der Adverbien**

Die meisten adjektivischen Adverbien können (wie die Adjektive) gesteigert werden.[2]

| | | | | |
|---|---|---|---|---|
| Positiv: | | tief | | stark |
| Komparativ: | | tief-er | | stärk-er |
| Superlativ: | am | tief-st-en | am | stärk-st-en |
| | aufs | tief-st-e | | |

Von den reinen Adverbien lassen sich nur wenige steigern:

| | | | | |
|---|---|---|---|---|
| Positiv: | | gern | oft | |
| Komparativ: | | lieb-er | öft-er, | häufig-er |
| Superlativ: | am | lieb-sten | | am häufig-st-en |

| | | |
|---|---|---|
| Positiv: | | bald |
| Komparativ: | | eh-er |
| Superlativ: | am | ehe-st-en |

1) Ursprünglich wurden diese Adverbien mit Hilfe einer Bildesilbe (»-e, -lich«) von Adjektiven abgeleitet: lang – lang-e, sicher – sicher-lich, gewiß – gewiß-lich, schwer– schwer-lich, kurz – kürz-lich. Die meisten Adverbien haben diese Endungen verloren und sind daher in Schriftbild und Lautung heute nicht mehr von den unflektierten Adjektiven unterscheidbar.

2) vgl. S. 30.

# Die Präpositionen

Präpositionen[1] (Verhältnis-wörter) sind unveränderbare Wörter.
*auf, mit, während*
Sie stehen in der Regel vor einem Nomen.[2]
*um* Geld, *zu* dir, *seit* kurzem, *für* richtig halten

Die Präpositionen drücken dreierlei Verhältnisse aus:
**1.** räumliche: *vor* dem Hause
**2.** zeitliche: *vor* vielen Jahren
**3.** übertragene: *vor* Tränen

Die Präpositionen treten nur zu Genetiv, Dativ und Akkusativ; zum Nominativ kann keine Präposition treten.

Die Präpositionen, geordnet nach den Kasus, mit denen sie stehen:
**1.** Präpositionen mit Akkusativ
**2.** Präpositionen mit Dativ
**3.** Präpositionen mit Genetiv
**4.** Präpositionen mit Dativ und mit Akkusativ

---

1) »Prä-position« kommt von lat. »prae-positio« (das Vor-setzen). Die meisten Präpositionen haben sich aus Adverbien entwickelt.

2a) Bisweilen stehen sie auch hinter dem Nomen:
meiner Meinung *nach*, des Geldes *wegen*.

b) Bisweilen stehen sie auch bei Adverbien:
*von* dort, *ab* heute, *seit* gestern.

c) Präpositionen sind oft Vor-silben (Prä-fixe) von Verben.
*auf*-schreiben, *an*-schreiben, *vor*-schreiben;
*mit*-machen, *vor*-machen, *nach*-machen.

**1.** Präpositionen mit **Akkusativ**

Mit Akkusativ stehen die Präpositionen:

*bis, durch, für, gegen, ohne, um, wider.*

*bis* nächsten Dienstag warten
*durch* den Wald laufen
*für* das Vaterland kämpfen
*gegen* die Feinde kämpfen
*ohne* die Mutter verreisen
*um* das Haus laufen
*wider* den Teufel streiten

**2.** Präpositionen mit **Dativ**

Mit Dativ stehen die Präpositionen:

*ab, aus, außer, bei, gemäß, mit, nach, nebst, seit, von, zu.*

*ab* August
*aus* dem Bett springen
*außer* dem Präsidenten
*bei* dem Freund
*gemäß* seinem Wunsche
*mit* seinem Freund
*nach* diesen Tagen
*nebst* seinem Bruder
*seit* vorigem Jahr
*von* seinem Bruder
*zu* seinem Bruder

**3.** Präpositionen mit **Genetiv**

Mit dem Genetiv stehen die Präpositionen:

*außerhalb, innerhalb, unterhalb, oberhalb, diesseits, jenseits, statt, während, wegen.*

*außerhalb* des Hauses
*innerhalb* des Hauses
*unterhalb* des Tisches
*oberhalb* des Tisches
*diesseits* des Berges
*jenseits* des Berges
*statt* des Bruders
*während* des Krieges
*wegen* des Regens

**4.** Präpositionen mit **Dativ** und mit **Akkusativ**

Mit Dativ und mit Akkusativ stehen die Präpositionen:

*an, auf, hinter, in, neben, über, unter, vor, zwischen.*

Mit dem Akkusativ bezeichnen sie eine Richtung und ein Ziel.
(Frage: wo-hin?)

Mit dem Dativ bezeichnen sie eine Ruhelage, ein Verbleiben an einem Ort.
(Frage: wo?)

*an* die Türe gehen
*an* der Türe stehen

*auf* die Leiter steigen
*auf* der Leiter stehen

*hinter* den Tisch legen
*hinter* dem Tisch liegen

*in* das Bett legen
*in* dem Bett liegen

*neben* den Stuhl stellen
*neben* dem Stuhl stehen

*über* die Stadt fliegen
*über* der Stadt fliegen

*unter* den Baum legen
*unter* dem Baum liegen

*vor* das Haus setzen
*vor* dem Haus sitzen

*zwischen* die Mauern stellen
*zwischen* den Mauern stehen

Die Präpositionen *dank* und *trotz* stehen

| | |
|---|---|
| mit dem Genetiv: | *dank* des Regens |
| | *trotz* des Regens |
| oder mit dem Dativ : | *dank* dem Regen |
| | *trotz* dem Regen |

# Die Wort-formen

## Das Nomen

Die Flexion (Veränderung) des Nomens heißt Deklination.
Die Form des Nomens wird nach drei Hinsichten bestimmt:

| | | |
|---|---|---|
| Kasus[1]: | Nominativ | (der Mann) |
| | Genetiv | (des Mannes) |
| | Dativ | (dem Manne) |
| | Akkusativ | (den Mann) |
| Numerus: | Singular | (der Mann) |
| | Plural | (die Männer) |
| Genus: | maskulinum | (der Mann) |
| | femininum | (die Frau) |
| | neutrum | (das Kind) |

## Die Deklination der Substantive

Es gibt drei Deklinationen:
**1.** die starke Deklination
**2.** die schwache Deklination
**3.** die gemischte Deklination.

Die Deklinationen werden unterschieden nach der Endung des Substantivs im Gen. Sg. und im Nom. Pl.

### 1. Die starke Deklination

Zur starken Deklination gehören Substantive aller drei Genera. Nur Substantive der starken Deklination können im Plural einen Umlaut[2] haben.

**a)** Maskulinum und Neutrum

| | | | | |
|---|---|---|---|---|
| Sg. | Gen.: -(e)s[3] | Pl. | Nom.: | -e ; -er ; ohne Endung |
| | Dat.: (-e)[3] | | Dat. : | -e-n; -er-n; -n |

1) Den Nominativ nennt man »casus rectus«; Genetiv, Dativ und Akkusativ faßt man zusammen unter der Bezeichnung »oblique Kasus«.
2) Umlaut ist der Wechsel der Vokale a → ä, o → ö, u → ü.
3) Im Gen. Sg. haben die Wörter, die im Nom. Sg. auf Zischlaut enden, immer »-es«:
Haus, Haus-es; Fisch, Fisch-es; Maß, Maß-es; Netz, Netz-es.
Im Gen. und Dat. Sg. haben die Substantive auf »-el, -em, -en, -er« kein »-e«:
der Engel, des Engel-s, dem Engel.

| | | | |
|---|---|---|---|
| Sg. | der Tag | Pl. | die Tag-e |
| | des Tag-es | | der Tag-e |
| | dem Tag(-e) | | den Tag-e-n |
| | den Tag | | die Tag-e |
| Sg. | das Pferd | Pl. | die Pferd-e |
| | des Pferd-es | | der Pferd-e |
| | dem Pferd(-e) | | den Pferd-e-n |
| | das Pferd | | die Pferd-e |
| Sg. | der Leib | Pl. | die Leib-er |
| | des Leib-es | | der Leib-er |
| | dem Leib(-e) | | den Leib-er-n |
| | den Leib | | die Leib-er |
| Sg. | das Feld | Pl. | die Feld-er |
| | des Feld-es | | der Feld-er |
| | dem Feld(-e) | | den Feld-er-n |
| | das Feld | | die Feld-er |
| Sg. | der Adler | Pl. | die Adler |
| | des Adler-s | | der Adler |
| | dem Adler | | den Adler-n |
| | den Adler | | die Adler |
| Sg. | das Fenster | Pl. | die Fenster |
| | des Fenster-s | | der Fenster |
| | dem Fenster | | den Fenster-n |
| | das Fenster | | die Fenster |
| Sg. | der Hof | Pl. | die Höf-e |
| | des Hof-es | | der Höf-e |
| | dem Hof(-e) | | den Höf-e-n |
| | den Hof | | die Höf-e |
| Sg. | das Floß | Pl. | die Flöß-e |
| | des Floß-es | | der Flöß-e |
| | dem Floß(-e) | | den Flöß-e-n |
| | das Floß | | die Flöß-e |
| Sg. | der Wald | Pl. | die Wäld-er |
| | des Wald-es | | der Wäld-er |
| | dem Wald(-e) | | den Wäld-er-n |
| | den Wald | | die Wäld-er |

| | | | |
|---|---|---|---|
| Sg. | das Gut | Pl. | die Güt-er |
| | des Gut-es | | der Güt-er |
| | dem Gut(-e) | | den Güt-er-n |
| | das Gut | | die Güt-er |

| | | | |
|---|---|---|---|
| Sg. | der Apfel | Pl. | die Äpfel |
| | des Apfel-s | | der Äpfel |
| | dem Apfel | | den Äpfel-n |
| | den Apfel | | die Äpfel |

| | | | |
|---|---|---|---|
| Sg. | das Kloster | Pl. | die Klöster |
| | des Kloster-s | | der Klöster |
| | dem Kloster | | den Klöster-n |
| | das Kloster | | die Klöster |

**b)** Femininum[1]
Im Singular sind die Feminina endungs-los.
Plural Nom.: -e
Dat. : -e-n

| | | | |
|---|---|---|---|
| Sg. | die Nacht | Pl. | die Nächt-e |
| | der Nacht | | der Nächt-e |
| | der Nacht | | den Nächt-e-n |
| | die Nacht | | die Nächt-e |

| | | | |
|---|---|---|---|
| Sg. | die Befugnis | Pl. | die Befugniss-e |
| | der Befugnis | | der Befugniss-e |
| | der Befugnis | | den Befugniss-e-n |
| | die Befugnis | | die Befugniss-e |

1) Einige Fremdwörter im Femininum und im Neutrum haben im Plural die Endung »-s«:
die Bar , die Bar-s ;
das Auto, die Auto-s.

**2. Die schwache Deklination**

Zur schwachen Deklination gehören Substantive des Maskulinums und des Femininums.

**a)** Maskulinum
Alle Kasus außer dem Nom. Sg. haben die Endung »-en«.

| | | | | |
|---|---|---|---|---|
| Sg. | der Mensch | | Pl. | die Mensch-en |
| | des Mensch-en | | | der Mensch-en |
| | dem Mensch-en | | | den Mensch-en |
| | den Mensch-en | | | die Mensch-en |

**b)** Femininum
Im Singular sind die Feminina endungs-los,
im Plural haben sie die Endung »-en«.

| | | | | |
|---|---|---|---|---|
| Sg. | die Frau | | Pl. | die Frau-en |
| | der Frau | | | der Frau-en |
| | der Frau | | | den Frau-en |
| | die Frau | | | die Frau-en |

Die Substantive auf »-e, -er, -el« haben als Endung nur »-n«.

| | | | | |
|---|---|---|---|---|
| Sg. | der Bote | | Pl. | die Bote-n |
| | des Bote-n | | | der Bote-n |
| | dem Bote-n | | | den Bote-n |
| | den Bote-n | | | die Bote-n |

| | | | | |
|---|---|---|---|---|
| Sg. | die Gabel | | Pl. | die Gabel-n |
| | der Gabel | | | der Gabel-n |
| | der Gabel | | | den Gabel-n |
| | die Gabel | | | die Gabel-n |

### 3. Die gemischte Deklination

Die gemischte Deklination ist gemischt aus der starken und der schwachen Deklination.
Zur gemischten Deklination gehören Substantive des Maskulinums und des Neutrums.
Die Substantive der gemischten Deklination folgen im Singular der starken, im Plural der schwachen Deklination.

| | | | |
|---|---|---|---|
| Sg. | Gen.: -(e)s | Pl.: | -(e)n |
| | Dat.: (-e) | | |

| | | | |
|---|---|---|---|
| Sg. | der Mast | Pl. | die Mast-en |
| | des Mast-es | | der Mast-en |
| | dem Mast(-e) | | den Mast-en |
| | den Mast | | die Mast-en |

| | | | |
|---|---|---|---|
| Sg. | das Ohr | Pl. | die Ohr-en |
| | des Ohr-es | | der Ohr-en |
| | dem Ohr(-e) | | den Ohr-en |
| | das Ohr | | die Ohr-en |

| | | | |
|---|---|---|---|
| Sg. | der Stachel | Pl. | die Stachel-n |
| | des Stachel-s | | der Stachel-n |
| | dem Stachel | | den Stachel-n |
| | den Stachel | | die Stachel-n |

| | | | |
|---|---|---|---|
| Sg. | das Auge | Pl. | die Auge-n |
| | des Auge-s | | der Auge-n |
| | dem Auge | | den Auge-n |
| | das Auge | | die Auge-n |

# Die Deklination des Artikels

Es gibt den bestimmten Artikel
und den un-bestimmten Artikel.

**Der bestimmte Artikel**[1]

**Deklination**

| | m. | f. | n. | | m. f. n. |
|---|---|---|---|---|---|
| Sg. | der | die | das | Pl. | die |
| | des | der | des | | der |
| | dem | der | dem | | den |
| | den | die | das | | die |

Der bestimmte Artikel bezeichnet etwas als bestimmt, bekannt oder schon genannt:

**1.** im einzelnen (individualisierender Artikel)
(Wir standen vor einer Kirche.) Die Kirche hatte schöne Fenster.

**2.** im allgemeinen (generalisierender Artikel)
Der Mensch ist sterblich.

**Der unbestimmte Artikel**[2]

**Deklination**

| | m. | f. | n. | |
|---|---|---|---|---|
| Sg. | ein | ein-e | ein | (Es gibt keinen Plural.) |
| | ein-es | ein-er | ein-es | |
| | ein-em | ein-er | ein-em | |
| | ein-en | ein-e | ein | |

Der un-bestimmte Artikel bezeichnet etwas als un-bestimmt, un-bekannt oder noch nicht genannt:

**1.** im einzelnen (individualisierender Artikel)
Sah ein Knab' ein Röslein stehn ...

**2.** im allgemeinen (generalisierender Artikel)
Ein Feldherr darf nicht tollkühn sein.

---

1) Der bestimmte Artikel ist aus dem Demonstrativ-pronomen »der« entstanden.
2) Der un-bestimmte Artikel ist aus dem In-definit-pronomen und dem Numerale entstanden.

Oft dient der Artikel dazu, Kasus, Numerus oder Genus des Beziehungswortes zu verdeutlichen.

Diogenes zog die Armut dem Reichtum vor.
Diogenes zog der Armut den Reichtum vor.
Diogenes zog Armut Reichtum vor.

Alexander verhandelte mit dem Gesandten der Perser.
Alexander verhandelte mit den Gesandten der Perser.

Die Männer suchen eine Leiter.
Die Männer suchen einen Leiter.

Der bestimmte Artikel kann mit einigen Präpositionen verschmelzen:

| | | | | |
|---|---|---|---|---|
| Dat. Sg. m./n.: | an | dem | → | am |
| | bei | dem | → | beim |
| | in | dem | → | im |
| | von | dem | → | vom |
| Dat. Sg. f. : | zu | der | → | zur |
| Akk. Sg. n. : | an | das | → | ans |
| | auf | das | → | aufs |
| | durch | das | → | durchs |
| | für | das | → | fürs |
| | in | das | → | ins |
| | vor | das | → | vors |
| | um | das | → | ums |

Verschmelzen darf der Artikel mit der Präposition nur dann, wenn seine bestimmende Kraft geschwächt ist.[1]

im Hause, zur See, ins Auge, zum Nachdenken, ins Blaue, am schönsten, aufs beste

1) Der bestimmte Artikel wird oft mit dem Determinativpronomen »der, die, das« (s. S. 38) verwechselt. Das Determinativpronomen darf nicht mit einer Präposition verschmelzen.

Karl erzählte von dem (= demjenigen) Bäumchen, das andere Blätter hat gewollt.

# Die Deklination der Adjektive

Es gibt zwei Deklinationen[1]:
1. die starke Deklination
2. die schwache Deklination.[2]

### Die starke Deklination[3]

| | m. | f. | n. | | m. f. n. |
|---|---|---|---|---|---|
| Sg. | gut-er | gut-e | gut-es | Pl. | gut-e |
| | gut-es[4] | gut-er | gut-es[4] | | gut-er |
| | gut-em | gut-er | gut-em | | gut-en |
| | gut-en | gut-e | gut-es | | gut-e |

### Die schwache Deklination

| | m. | f. | n. | | m. f. n. |
|---|---|---|---|---|---|
| Sg. | gut-e | gut-e | gut-e | Pl. | gut-en |
| | gut-en | gut-en | gut-en | | gut-en |
| | gut-en | gut-en | gut-en | | gut-en |
| | gut-en | gut-e | gut-e | | gut-en |

1) Wie die Adjektive werden auch die als Attribut gebrauchten Partizipien dekliniert:
liebend-es Herz — geliebt-es Herz
das liebend-e Herz — das geliebt-e Herz

2) Die starke und die schwache Deklination des Adjektivs decken sich nicht mit der starken und der schwachen Deklination des Substantivs:
a) Die Endungen der Adjektive stimmen nicht in allen Fällen mit den entsprechenden Endungen der Substantive überein.
b) Jedes Adjektiv kann sowohl nach der starken als auch nach der schwachen Deklination dekliniert werden.

3) Die stark deklinierten Adjektive haben dieselben Endungen wie die Demonstrativpronomina »dies-er« und »jen-er«, das Interrogativpronomen und Relativpronomen »welch-er« und das Indefinitpronomen »jed-er«.

4) Der Gen. Sg. m./n. endet heute in der Regel auf »-en«, wenn das Beziehungswort bereits ein »-(e)s« im Gen. Sg. hat.
gut-en Mut-es

## Die Endung der Adjektive

**1.** Die Adjektive haben eine Endung, wenn sie Attribut sind und vor ihrem Beziehungswort stehen.

ein *gut-er* Mann, der *gut-e* Mann

Die Adjektive haben die Endungen der starken Deklination,

**a)** wenn der un-bestimmte Artikel beim Beziehungswort steht und er keine Endung hat

ein *gut-er* Wein, ein *gut-es* Kind

**b)** wenn ein Pronomen beim Beziehungswort steht und das Pronomen keine Endung hat

welch *gut-er* Wein, welch *gut-es* Kind
ich *arm-er* Mann, mir *arm-em* Manne

**c)** wenn weder ein Artikel noch ein Pronomen beim Beziehungswort steht

*gut-er* Wein, *gut-es* Kind
in *schwarz-em* Anzug, in *kalt-em* Wasser

Die Adjektive haben die Endungen der schwachen Deklination,

**a)** wenn der bestimmte Artikel beim Beziehungswort steht

der *gut-e* Wein, das *gut-e* Kind
im *schwarz-en* Anzug, im *kalt-en* Wasser

**b)** wenn der un-bestimmte Artikel beim Beziehungswort steht und er eine Endung hat

ein-es *gut-en* Weines, ein-en *gut-en* Wein

**c)** wenn ein Pronomen beim Beziehungswort steht und das Pronomen eine Endung hat

welch-er *gut-e* Wein, welch-es *gut-e* Kind

**2.** Die Adjektive haben keine Endung,

**a)** wenn sie Prädikatsnomen sind

Karl war *krank*.

**b)** wenn sie Prädikativum sind

Karl lag *krank* im Bett.

**c)** wenn sie Attribut sind und hinter ihrem Beziehungswort stehen[1]

Bei einem Wirte *wundermild*,
Da war ich jüngst zu Gaste.

---

1) Wenn vor dem Adjektiv ein Artikel steht oder wenn das Adjektiv im Plural steht, hat es jedoch eine Endung.
Der Schlag der Dorfuhr, der *fernen*, drang an unser Ohr.
Seine Schulden, *alte* und *neue*, ließen ihn nicht mehr zur Ruhe kommen.

**3.** Adjektive, die als Attribut vor demselben Beziehungswort stehen, haben dieselbe Endung:

| | | | |
|---|---|---|---|
| | *gut-er* | *schwer-er* | Wein |
| der | *gut-e* | *schwer-e* | Wein |
| mit | *lang-em* | *rot-em* | Barte |
| mit einem | *lang-en* | *rot-en* | Barte |
| durch | *lang-es* | *schwer-es* | Leiden |
| durch das | *lang-e* | *schwer-e* | Leiden |

**4.** Auch die substantivierten Adjektive[1] werden wie Adjektive, nicht wie Substantive dekliniert:

| | |
|---|---|
| Gut-es | ein Fremd-er |
| das Gut-e | der Fremd-e |
| alles Gut-e | Fremd-e |
| | die Fremd-en |

1) Auch die substantivierten Partizipien werden wie Adjektive, nicht wie Substantive dekliniert:

| | |
|---|---|
| der Lehrend-e | der Gelehrt-e |
| ein Lehrend-er | ein Gelehrt-er |
| die Lehrend-en | die Gelehrt-en |
| Lehrend-e | Gelehrt-e |

## Deklinationsübersicht[1]

| | | | | | | | | |
|---|---|---|---|---|---|---|---|---|
| Sg. | | | | | | | | |
| der | gut-e | Wein | die | gut-e | Frau | das | gut-e | Kind |
| des | gut-en | Weines | der | gut-en | Frau | des | gut-en | Kindes |
| dem | gut-en | Wein | der | gut-en | Frau | dem | gut-en | Kind |
| den | gut-en | Wein | die | gut-e | Frau | das | gut-e | Kind |
| Pl. | | | | | | | | |
| die | gut-en | Weine | die | gut-en | Frauen | die | gut-en | Kinder |
| der | gut-en | Weine | der | gut-en | Frauen | der | gut-en | Kinder |
| den | gut-en | Weinen | den | gut-en | Frauen | den | gut-en | Kindern |
| die | gut-en | Weine | die | gut-en | Frauen | die | gut-en | Kinder |

| | | | | | | | | |
|---|---|---|---|---|---|---|---|---|
| Sg. | | | | | | | | |
| ein | gut-er | Wein | eine | gut-e | Frau | ein | gut-es | Kind |
| eines | gut-en | Weines | einer | gut-en | Frau | eines | gut-en | Kindes |
| einem | gut-en | Wein | einer | gut-en | Frau | einem | gut-en | Kind |
| einen | gut-en | Wein | eine | gut-e | Frau | ein | gut-es | Kind |

| | | | | | | |
|---|---|---|---|---|---|---|
| Sg. | | | | | | |
| | gut-er | Wein | gut-e | Frau | gut-es | Kind |
| | gut-en | Weines[2] | gut-er | Frau | gut-en | Kindes[2] |
| | gut-em | Wein | gut-er | Frau | gut-em | Kind |
| | gut-en | Wein | gut-e | Frau | gut-es | Kind |
| Pl. | | | | | | |
| | gut-e | Weine | gut-e | Frauen | gut-e | Kinder |
| | gut-er | Weine | gut-er | Frauen | gut-er | Kinder |
| | gut-en | Weinen | gut-en | Frauen | gut-en | Kindern |
| | gut-e | Weine | gut-e | Frauen | gut-e | Kinder |

1) *Einsetzprobe*
Nur die Maskulina im Singular in Verbindung mit einem Artikel oder einem Adjektiv lassen sich in allen vier Kasus auch äußerlich voneinander unterscheiden. Daher kann, wer Schwierigkeiten hat, einen Kasus eindeutig zu bestimmen, an der entsprechenden Stelle ein Maskulinum im Singular mit Artikel oder Adjektiv einsetzen.
Es ist viele Stunden her, daß wir miteinander gesprochen haben.
Es ist einen Tag her, daß wir ...

2) Ursprünglich war die Endung des Adjektivs »-es«:
gut-es Weines    gut-es Kindes.

**Die Komparation**[1]

Die meisten Adjektive[2] können gesteigert werden:

| | | | |
|---|---|---|---|
| Positiv[3]: | weit | tief | lang |
| Komparativ: | weit-er | tief-er | läng-er |
| Superlativ: | weit-est-er | tief-st-er | läng-st-er |

Das Kennzeichen des Komparativs ist »-er«.
Das Kennzeichen des Superlativs ist »-(e)st-«.

Wenn Positiv, Komparativ und Superlativ zu einem Vergleich dienen, dann steht:

**a)** bei Gleichheit der Positiv

Otto ist so *groß* wie Paul.

**b)** bei Ungleichheit der Komparativ oder der Superlativ.

Der Komparativ steht, wenn zwei Dinge mit einander verglichen werden. Nach einem Komparativ steht »als« (nicht »wie«); statt »als« steht bisweilen »denn«.

Otto ist *größer* als Paul.
*mehr* denn je, *besser* denn je
Goethe ist als Dichter *bekannter* denn als Jurist.

Der Superlativ steht, wenn mehr als zwei Dinge mit einander verglichen werden.

Otto hat zwei / acht Geschwister. Er ist der *größte*.

Unregelmäßig gesteigert werden:

| | | | | | | |
|---|---|---|---|---|---|---|
| gut | besser | der beste | | | | |
| viel | mehr | der meiste | – | viele | mehr | die meisten |

»wenig« wird auf zwei Weisen gesteigert:

| | | |
|---|---|---|
| wenig | weniger | der wenigste |
| | minder | der mindeste |

1) »Komparation« kommt von lat. »comparatio« (Ver-gleich-ung).
Statt des Begriffes »Komparation« wird bisweilen der Begriff »Steigerung« gebraucht.

2) Von den Partizipien (Verbal-adjektiven) lassen sich nur diejenigen steigern, deren adjektivische Natur die verbale Natur überwiegt:

| | | | |
|---|---|---|---|
| Partizip Präsens: | glänzend | glänzend-er | glänzend-st-er |
| Partizip Perfekt: | gelehrt | gelehrt-er | gelehrt-est-er |

3) Der Positiv wird auch Grund-stufe genannt;
der Komparativ (eigentl. Ver-gleichs-stufe) wird Steigerungs-stufe oder auch 1. Steigerungsstufe genannt;
der Superlativ wird Höchst-stufe oder auch 2. Steigerungsstufe genannt.

# Die Pronomina

Pro-nomina (Für-wörter) stehen für ein Nomen.[1]
Sie werden gebraucht:

**1.** substantivisch,
d. h. sie stehen wie ein Substantiv alleine.
Vater ist müde; *er* hat den ganzen Tag gearbeitet.

**2.** adjektivisch,
d. h. sie stehen wie die Adjektive nicht alleine, sondern vor einem Substantiv.
*Mein* Vater war müde.

Es gibt neun Arten von Pronomina:

| | |
|---|---|
| Personal-pronomen | (ich, du) |
| Reflexiv-pronomen | (sich) |
| reziprokes Pronomen | (einander) |
| Possessiv-pronomen | (mein, dein) |
| Demonstrativ-pronomen | (dieser, jener) |
| Determinativ-pronomen | (derjenige, derselbe) |
| Interrogativ-pronomen | (wer? welcher?) |
| Relativ-pronomen | (der, welcher) |
| Indefinit-pronomen | (jemand, etwas) |

---

1a) Manche Pronomina können auch für einen Satz stehen.
*Das* habe ich nicht gewollt.
(z. B. i. S. v.: Daß meine Worte dich verletzen, habe ich nicht gewollt.)

b) Das Pro-nomen kann dem Nomen, für das es steht, folgen oder vorausgehen.

Vater liest einen Roman. *Er* gefällt *ihm* gut.

*Sich* selbst zu überwinden fällt jedem Menschen schwer.

# Das Personalpronomen
(persönliches Fürwort)

Die Personal-pronomina bezeichnen drei Personen:
das der ersten Person bezeichnet die sprechende,
das der zweiten Person bezeichnet die an-gesprochene,
das der dritten Person bezeichnet die be-sprochene Person.
*Ich* erzähle *dir* etwas über *sie*.

**Deklination**

| | 1. Person | 2. Person | 3. Person | | |
|---|---|---|---|---|---|
| Sg. | | | m. | f. | n. |
| Nom. | ich | du | er | sie | es |
| Gen. | meiner | deiner | seiner | ihrer | seiner |
| Dat. | mir | dir | ihm | ihr | ihm |
| Akk. | mich | dich | ihn | sie | es |
| Pl. | | | m. f. n. | | |
| Nom. | wir | ihr | sie | | |
| Gen. | unser | euer | ihrer | | |
| Dat. | uns | euch | ihnen | | |
| Akk. | uns | euch | sie | | |

Das Personalpronomen wird in den obliquen Kasus nicht-reflexiv und reflexiv (rück-bezüglich) gebraucht.
Das reflexiv gebrauchte Personalpronomen bezieht sich auf das Subjekt des Satzes zurück: die im reflexiv gebrauchten Personalpronomen genannte Person oder Sache ist mit dem Subjekt des Satzes identisch.

reflexiv: Ich wasche *mich*.
nicht-reflexiv: Ich wasche *dich*.

Für die 1. und die 2. Pers. Sg. und Pl. gibt es keine eigene Form des Reflexivpronomens.

Ich wasche *mich*. Wir waschen *uns*.
Du wäschst *dich*. Ihr wascht *euch*.

Für die 3. Pers. Sg. und Pl. gibt es im Dativ und im Akkusativ eine eigene Form des Reflexivpronomens: *sich*.

Der Mann schadet *sich*. Die Männer schaden *sich*.
Der Mann wäscht *sich*. Die Männer waschen *sich*.

## Das reziproke Pronomen

(Fürwort der Wechselbeziehung)

Das reziproke Pronomen lautet »ein-ander«.
Es bezeichnet die 1., 2. und 3. Pers. Pl. aller drei Geschlechter in den obliquen Kasus und drückt eine Wechsel-beziehung zwischen den im Subjekt genannten Personen oder Sachen aus.[1]

Wir lieben *einander*.
Ihr liebt *einander*.
Sie lieben *einander*.
Es waren zwei Königskinder, die hatten *einander* so lieb.

Wenn klar ist, daß eine Wechselbeziehung gemeint ist, steht für das reziproke Pronomen bisweilen
das reflexiv gebrauchte Personalpronomen:

| | |
|---|---|
| Wir küßten *uns* | (d. h. einer den anderen). |
| Aber: | |
| Wir wuschen *uns* | (d. h. jeder nur sich selbst). |
| Wir wuschen *einander* | (d. h. einer den anderen). |

oder das Reflexivpronomen:

| | |
|---|---|
| Sie küßten *sich* | (d. h. einer den anderen). |
| Aber: | |
| Sie wuschen *sich* | (d. h. jeder nur sich selbst). |
| Sie wuschen *einander* | (d. h. einer den anderen). |

1) Auch bei reflexiven Verben (z. B. »sich nähern«) kann ein reziprokes Pronomen stehen.
Sie näherten *sich einander*.
Doppeldeutig ist der Satz:
Adam und Eva stellten *sich einander* kostümiert vor.
»sich« und »einander« sind Dativ oder Akkusativ.
(Unterscheide: Ich stelle mich dir vor.
Ich stelle mir dich vor.)

## Das Possessivpronomen

(Fürwort der Zugehörigkeit[1])

Zu jedem Personal-pronomen gibt es ein Possessiv-pronomen.[2]

| | | |
|---|---|---|
| Ich lese | *mein* | Buch. |
| Du liest | *dein* | Buch. |
| Er liest | *sein* | Buch. |
| Sie liest | *ihr* | Buch. |
| Es (das Kind) liest | *sein* | Buch. |
| Wir lesen | *unser* | Buch. |
| Ihr lest | *euer* | Buch. |
| Sie lesen | *ihr* | Buch. |

| | 1. Person | 2. Person | 3. Person | | |
|---|---|---|---|---|---|
| | | | m. | f. | n. |
| Sg. | mein | dein | sein | ihr | sein |
| Pl. | unser | euer | | ihr | |

Das Possessivpronomen der 3. Sg. wird (wie das Personalpronomen) im Genus unterschieden.

**Deklination**

| | m. | | f. | | n. | |
|---|---|---|---|---|---|---|
| Sg. | mein | Hut | mein-e | Uhr | mein | Rad |
| | mein-es | Hutes | mein-er | Uhr | mein-es | Rades |
| | mein-em | Hut(-e) | mein-er | Uhr | mein-em | Rad(-e) |
| | mein-en | Hut | mein-e | Uhr | mein | Rad |
| | m. f. n. | | | | | |
| Pl. | mein-e | Hüte | | Uhren | | Räder |
| | mein-er | Hüte | | Uhren | | Räder |
| | mein-en | Hüten | | Uhren | | Rädern |
| | mein-e | Hüte | | Uhren | | Räder |

1) Der Begriff des Zugehörigseins ist in dem weiten Sinne des Verbs »haben« zu denken.
Ich habe einen Acker / ein Haus / ein Vaterland / einen Freund / einen Gott / eine Krankheit / Verdruß / einen Gefangenen (und er läßt mich nicht mehr los).

2) Das (adjektivische) Possessivpronomen hat sich aus dem Genetiv des (substantivischen) Personalpronomens entwickelt. Daher fragt man nach dem Possessivpronomen (wie nach einem Genetivattribut) mit der Frage: »Wessen ...?«
*Unser* (Poss.-Pron.) Vater < Vater *unser* (Gen. des Pers.-Pron.)

Die Possessivpronomina werden nach der starken Deklination der Adjektive dekliniert, außer im Nom. Sg. m. und im Nom. und Akk. Sg. n.
Der Stamm des Possessivpronomens richtet sich nach der Person oder der Sache, für die das Possessivpronomen steht. (gestrichelter Pfeil)
Die Endung des Possessivpronomens richtet sich nach Kasus, Numerus und Genus des Wortes, dessen Attribut es ist. (durchgezogener Pfeil)

| | | | |
|---|---|---|---|
| Der Vater | sucht | *sein-en* | Hut. |
| Die Mutter | sucht | *ihr -en* | Hut. |
| Der Vater | sucht | *sein-e* | Brille. |
| Die Mutter | sucht | *ihr -e* | Brille. |
| Der Vater | sucht | *sein* | Geld. |
| Die Mutter | sucht | *ihr* | Geld. |

Bestimmung der Wortform eines Possessivpronomens:
»Der Vater such *seine* Brille.«
»seine«: Akk. Sg. f. des Possessivpronomens der 3. Pers. Sg. m.

Das Possessivpronomen drückt in der Regel das reflexive Possessivverhältnis aus: das Subjekt und die Person oder die Sache, für die das Possessivpronomen steht, sind identisch.

Eva sieht Otto mit *ihr-em* Freund.

Das Possessivpronomen kann auch ein nicht-reflexives Possessivverhältnis ausdrücken: das Subjekt und die Person oder die Sache, für die das Possessivpronomen steht, sind nicht identisch.

Eva sieht Otto mit *sein-em* Freund.

Wenn aber in einem solchen Satz die Beziehung des Possessivpronomens doppeldeutig ist, stehen bei nicht-reflexivem Possessivverhältnis statt »sein, ihr« die Genetive »dessen, deren« (Demonstrativpronomen).

Paul sieht Otto mit *dess-en* Freund.

Paula sieht Eva mit *der-en* Freund.

## Das Demonstrativpronomen
(hinweisendes Fürwort)

**1.** dieser, diese, dieses
**2.** der, die, das
**3.** jener, jene, jenes
**4.** solch[1]

### Deklination

dieser, diese, dieses

| | m. | f. | n. | | m. f. n. |
|---|---|---|---|---|---|
| Sg. | dies-er | dies-e | dies-es | Pl. | dies-e |
| | dies-es | dies-er | dies-es | | dies-er |
| | dies-em | dies-er | dies-em | | dies-en |
| | dies-en | dies-e | dies-es | | dies-e |

der, die, das

| | m. | f. | n. | | m. f. n. |
|---|---|---|---|---|---|
| Sg. | der | die | das | Pl. | die |
| | dess-en[2] | der-en[2] | dess-en[2] | | der-en[2] |
| | dem | der | dem | | den-en[3] |
| | den | die | das | | die |

jener, jene, jenes

| | m. | f. | n. | | m. f. n. |
|---|---|---|---|---|---|
| Sg. | jen-er | jen-e | jen-es | Pl. | jen-e |
| | jen-es | jen-er | jen-es | | jen-er |
| | jen-em | jen-er | jen-em | | jen-en |
| | jen-en | jen-e | jen-es | | jen-e |

1) Sinnverwandt mit dem Demonstrativpronomen »solch« sind »der-art-ig, der-g(e)-leich-en, der-lei«.

2) Adjektivisch gebraucht heißt der Gen. Sg. »des, der, des«, der Gen. Pl. »der«.
*Dessen* hätte es nicht bedurft.
*Des* (= *Dieses*) Beweises hätte es nicht bedurft.
*Der* (= *Dieser*) Beweise hätte es nicht bedurft.

3) Adjektivisch gebraucht heißt der Dat. Pl. »den«.
*Denen* konnte ich nicht helfen.
*Den* (= *Diesen*) Menschen konnte ich nicht helfen.

Die Demonstrativpronomina[1] werden substantivisch und adjektivisch gebraucht. »dieser«, »der« und »jener« weisen auf einzelnes, Bestimmtes oder schon Genanntes hin.

»dieser« und »der« weisen auf das räumlich und das zeitlich Nähere hin; »jener« weist auf das räumlich und das zeitlich Fernere hin.

Was *dieser* heute baut, reißt *jener* morgen ein.
*Der* soll mir noch einmal kommen!
Was *dieser* Mensch heute baut, reißt *jener* Mensch morgen ein.

solch

»solch« weist auf Allgemeines hin. »solch« bleibt endungslos, wenn es vor dem unbestimmten Artikel steht; es läßt sich jedoch in Kasus, Numerus und Genus von seinem Beziehungswort her bestimmen:

*solch* ein Mann *solch* eine Frau

»solch« wird dekliniert wie ein Adjektiv, wenn es hinter dem unbestimmten Artikel steht oder wenn das Beziehungswort keinen Artikel hat:

| | |
|---|---|
| ein *solch-er* Wein | *solch-e* Weine |
| ein-es *solch-en* Weines | *solch-er* Weine |
| *solch-er* Wein | |

*Solch* einen Kerl habe ich zeit meines Lebens nicht gesehen.
Einen *solchen* Kerl habe ich zeit meines Lebens nicht gesehen.
*Solche* Kerle habe ich zeit meines Lebens nicht gesehen.

---

1) Neben den Demonstrativ-pronomina gibt es Demonstrativ-adverbien. Sie lassen sich durch präpositionale Wendungen umschreiben:
da = an dieser Stelle
dann = zu dieser Zeit
darum = aus diesem Grunde
Die zusammengesetzten Demonstrativadverbien (»damit, dabei, dadurch, darauf, darüber« u.v.a.) beziehen sich – wie die entsprechenden Interrogativadverbien – auf Sachen und auf Vorgänge, nicht auf Personen.
*Damit* (mit dieser Maßnahme) hätte ich nicht gerechnet.
Die Demonstrativpronomina und die Demonstrativadverbien werden zusammengefaßt unter der Bezeichnung »Demonstrativa«.

# Das Determinativpronomen

(auf Eingrenzung hinweisendes Fürwort)

**1.** derjenige, diejenige, dasjenige
**2.** der, die, das
**3.** derselbe, dieselbe, dasselbe
**4.** selbst
**5.** selber

**Deklination**

derjenige, diejenige, dasjenige

| | m. | f. | n. | | m. f. n. |
|---|---|---|---|---|---|
| Sg. | der -jenig-e | die -jenig-e | das -jenig-e | Pl. | die -jenig-en |
| | des -jenig-en | der-jenig-en | des -jenig-en | | der -jenig-en |
| | dem -jenig-en | der-jenig-en | dem-jenig-en | | den-jenig-en |
| | den -jenig-en | die -jenig-e | das -jenig-e | | die -jenig-en |

der, die, das

| | m. | f. | n. | | m. f. n. |
|---|---|---|---|---|---|
| Sg. | der | die | das | Pl. | die |
| | dess-en[1] | der-en[1] | dess-en[1] | | der-er[1] |
| | dem | der | dem | | den-en[2] |
| | den | die | das | | die |

derselbe, dieselbe, dasselbe

| | m. | f. | n. | | m. f. n. |
|---|---|---|---|---|---|
| Sg. | der -selb-e | die -selb-e | das -selb-e | Pl. | die -selb-en |
| | des -selb-en | der-selb-en | des -selb-en | | der -selb-en |
| | dem -selb-en | der-selb-en | dem-selb-en | | den-selb-en |
| | den -selb-en | die -selb-e | das -selb-e | | die -selb-en |

1) Adjektivisch gebraucht heißt der Gen. Sg. »des, der, des«, der Gen. Pl. »der«.
Wir gedachten *dessen*, der uns gerettet hatte.
Wir gedachten *des* Mannes, der uns gerettet hatte.

2) Adjektivisch gebraucht heißt der Dat. Pl. »den«.
Wir helfen *denen*, die in Not sind. (= ... denjenigen, die ...)
Wir helfen *den* Menschen, die in Not sind. (= ... denjenigen Menschen, die ...)

Die Determinativpronomina weisen auf Eingrenzung und Identität hin.

»der(-jenige)« weist auf eine notwendige nähere Bestimmung seines Beziehungswortes hin, durch die der Umfang des im Beziehungswort Genannten eingegrenzt (determiniert) wird.
Die notwendige nähere Bestimmung des Beziehungswortes erscheint meist in der Form eines Relativsatzes.

*Die(-jenigen)* Fragen, die mit »Ja« oder »Nein« beantwortet werden, sind Satzfragen.

Die notwendige nähere Bestimmung des Beziehungswortes kann auch in anderer Form erscheinen, z. B. als präpositionale Wendung.

Es gibt mehrere Arten von Edelmetall;
das(-jenige) mit dem spezifischen Gewicht 19,1 ist Gold,
das(-jenige) mit dem spezifischen Gewicht 21,4 ist Platin.

»derselbe«[1] weist auf Identität hin.

Frieder und Heiner wohnen in *demselben* Haus.

»selbst« und »selber« sind unveränderbar, aber vom Beziehungswort aus bestimmbar. Sie bezeichnen Identität, insofern das im Beziehungswort Genannte nicht von anderem vertreten wird.[2]

Der Bundespräsident *selbst* / *selber* (nicht sein Sekretär) hat meinen Brief beantwortet.

In älterer Sprache finden sich Zusammensetzungen des Determinativpronomens »selb-« mit Ordinalzahlen, z. B. »selb-viert« (d. h. selbst als vierter = mit drei anderen), ebenso »selb-ander« (d. h. selbst als der andere i. S. v. der zweite).

Selbdritt erschien der Wolf, er hatte zwei Kinder.
(d. h. der Wolf selbst als dritter = der Wolf mit zwei anderen)

---

1) Synonym mit »derselbe« ist »der näm-lich-e«.
Sinnverwandt mit »derselbe« ist das (mit dem bestimmten Artikel verbundene) »der gleiche«.
»derselbe« heißt »ein und derselbe« und bezeichnet Identität;
»der gleiche« heißt »von derselben Art« und bezeichnet Identität der Art nach:
Fritz und Franz benutzen *denselben* Füller (d. h. sie benutzen gemeinsam einen einzigen).
Fritz und Franz benutzen *den gleichen* Füller (d. h. jeder benutzt einen Füller derselben Art).

2) »selbst« kann auch Adverb sein und bedeutet dann so viel wie »sogar«.
*Selbst* der Präsident hat mich begrüßt.
Mit der Dummheit kämpfen Götter *selbst* vergebens.

# Das Interrogativpronomen
(Fragefürwort)

Das Interrogativpronomen[1] wird gebraucht
substantivisch: wer? was?
adjektivisch: welcher? welche? welches?

**Deklination**

wer? was?

| | m. f. | n. | |
|---|---|---|---|
| Sg. | wer | was | (Es gibt keinen Plural.) |
| | wess-en | wess-en | |
| | wem | wem | |
| | wen | was | |

welcher? welche? welches?

| | m. | f. | n. | | m. f. n. |
|---|---|---|---|---|---|
| Sg. | welch-er | welch-e | welch-es | Pl. | welch-e |
| | welch-es[2] | welch-er | welch-es[2] | | welch-er |
| | welch-em | welch-er | welch-em | | welch-en |
| | welch-en | welch-e | welch-es | | welch-e |

Das Interrogativpronomen leitet un-abhängige und abhängige Fragesätze ein.
*Wer* ist dieser Mann?
*Welcher* Mann ist das?

Ich weiß nicht, *wer* dieser Mann ist.
Ich weiß nicht, *welcher* Mann das ist.

---

1) Neben den Interrogativ-pronomina gibt es Interrogativ-adverbien; sie lassen sich durch präpositionale Wendungen umschreiben:
wo? = an welchem Ort?
wann? = zu welcher Zeit?
wie? = auf welche Weise?
warum? = aus welchem Grunde?

Die zusammengesetzten Interrogativadverbien (»womit? wodurch? worüber?« u.v.a.) beziehen sich – wie die entsprechenden Demonstrativadverbien – auf Sachen und Vorgänge, nicht auf Personen:
*Womit* fährst du in die Stadt? – Mit dem Auto.
Mit *wem* fährst du in die Stadt? – Mit meinem Freund.

Die Interrogativpronomina und die Interrogativadverbien werden zusammengefaßt unter der Bezeichnung »Interrogativa«.

2) Wenn das Beziehungswort bereits »-(e)s« im Gen. Sg. hat, steht für den Gen. Sg. m./n. »welch-es« oft »welch-en«: statt »*welch-es* Geschlecht-es« oft »*welch-en* Geschlecht-es«.

# Das Relativpronomen[1]

(bezügliches Fürwort)

**1.** der, die, das[2]
**2.** welcher, welche, welches
**3.** wer, was

**Deklination**

der, die, das

| | m. | f. | n. | | m. f. n. |
|---|---|---|---|---|---|
| Sg. | der | die | das | Pl. | die |
| | dess-en | der-en | dess-en | | der-en |
| | dem | der | dem | | den-en |
| | den | die | das | | die |

welcher, welche, welches

| | m. | f. | n. | | m. f. n. |
|---|---|---|---|---|---|
| Sg. | welch-er | welch-e | welch-es | Pl. | welch-e |
| | dess -en | der -en | dess -en | | der -en |
| | welch-em | welch-er | welch-em | | welch-en |
| | welch-en | welch-e | welch-es | | welch-e |

wer, was

| | m. f. | n. | |
|---|---|---|---|
| Sg. | wer | was | (Es gibt keinen Plural.) |
| | wess-en | wess-en | |
| | wem | wem | |
| | wen | was | |

1) Neben den Relativ-pronomina gibt es Relativ-adverbien; sie lassen sich durch präpositionale Wendungen umschreiben:
wo = der Ort, an dem ...
wie = die Weise, in der ...
*Wo* du bist, will auch ich sein.

Die Relativpronomina und die Relativadverbien werden zusammengefaßt unter der Bezeichnung »Relativa«.

2) »der, die, das« ist also Demonstrativpronomen, bestimmter Artikel, Determinativpronomen, Relativpronomen.

**Relativpronomen und Beziehungswort**

Das Beziehungswort ist dasjenige Wort des übergeordneten Satzes, auf das sich das Relativpronomen bezieht.
Wenn das Relativpronomen ein Beziehungswort hat, richtet sich das Relativpronomen

**1.** in Genus und Numerus nach seinem Beziehungswort (gestrichelter Pfeil),

**2.** im Kasus danach, was es als Satzteil des Relativsatzes ist (durchgezogener Pfeil).

Der Geist, *den* ich rief, läßt mich nicht los.

**Sinn der Relativpronomina**

**1.** Das Relativpronomen »der, die, das« leitet in der Regel notwendige[1] Relativsätze ein: der Relativsatz unterscheidet das im Beziehungswort Genannte von anderem derselben Art und schränkt ein.
Auf die notwendigen Relativsätze können die Determinativpronomina »derjenige« und »der« hinweisen.

In den(-jenigen) Fragen, *die* mit »Ja« oder »Nein« beantwortet werden, steht das Prädikat an erster Stelle.

Der Relativsatz (»die mit ›Ja‹ oder ›Nein‹ beantwortet werden«) unterscheidet die mit ›Ja‹ oder ›Nein‹ beantwortbaren Fragen von den nicht mit ›Ja‹ oder ›Nein‹ beantwortbaren und schränkt den Begriff »Fragen« ein.

**2.** Das Relativpronomen »welcher, welche, welches« leitet in der Regel nicht-notwendige[1] Relativsätze ein: der Relativsatz ist weder unterscheidend noch einschränkend.

In (den[2]) Satzfragen, *welche* mit »Ja« oder »Nein« beantwortet werden, steht das Prädikat an erster Stelle.

*Alle* Satzfragen sind mit »Ja« oder »Nein« beantwortbar; der Relativsatz (»welche mit ›Ja‹ oder ›Nein‹ beantwortet werden«) unterscheidet nicht verschiedene Arten von Satzfragen, ist daher auch nicht einschränkend, sondern erinnert nur an eine allen Satzfragen gemeinsame Eigenschaft.

---

1) Das Englische und das Französische unterscheiden die notwendigen Relativsätze von den nicht-notwendigen, indem sie die nicht-notwendigen durch Kommata abtrennen, die notwendigen nicht.

2) »den« ist hier nicht Determinativpronomen, sondern Artikel.

**3.** Das Relativpronomen »wer, was« ist verallgemeinernd.[1]

*Wer* andern eine Grube gräbt, fällt selbst hinein.
(D.h.: Jeder, der ...)
*Wen* die Götter lieben, der stirbt jung.
(D.h.: Jeder, den ...)
*Was* Gott tut, (das) ist wohlgetan.
(D.h.: Alles, was ...)

---

1) In ähnlicher Weise wie das Relativpronomen »wer, was« kann auch das Relativpronomen »der, die, das« gebraucht werden. Der Sinn dieses Relativpronomens ist jedoch nicht verallgemeinernd, sondern individualisierend.

*Der* das Ohr geschaffen hat, sollte (der) nicht hören?
*Die* du hinweggewiesen, eignet' ich mir zu.
*Der* ich mein Vertrauen geschenkt, die hat mich nicht enttäuscht.

Relativsätze mit dem verallgemeinernden Relativpronomen »wer, was« und die mit dem individualisierenden Relativpronomen »der, die, das« können durch ein Demonstrativpronomen im übergeordneten Satz aufgenommen werden. Ein Demonstrativpronomen steht in der Regel dann, wenn das Relativpronomen ein anderer Satzteil ist als der ganze Relativsatz.
(Zur Satzteilbestimmung der Relativsätze s. S. 112.)

# Das Indefinitpronomen

(unbestimmtes Fürwort)

Das Indefinitpronomen wird substantivisch und adjektivisch gebraucht.

| substantivisch | | adjektivisch |
|---|---|---|
| Person | Sache | |
| man[1] | et-was | et-was |
| (irgend-)ein-er, ein-e | | (irgend-)ein |
| | | irgend-welch-e |
| je -man-d | | |
| nie-man-d | nicht-s | nicht-s |
| | | k -ein |
| je -der, je-de | je -des | je -der |
| je -g-lich-er | je -g-lich-es | je -g-lich |
| (ein) an -der-er | an-der-es | (ein) an-der-er |
| (der) an -der-e | (das) an-der-e | (der) an-der-e |

Das In-definitpronomen[2] bezeichnet Un-bestimmtes.

Hast du *etwas* vergessen?

Führen deine Pläne zu *etwas* Gutem?

---

1) »man« wird dekliniert: ein-es, ein-em, ein-en.
Wenn *man* reich ist, beneiden *einen* viele.

2) Neben den Indefinit-pronomina gibt es Indefinit-adverbien; sie lassen sich durch präpositionale Wendungen umschreiben:
irgend-wo = an irgendeinem Ort
irgend-wann = zu irgendeiner Zeit
irgend-wie = in irgendeiner Weise

Die Indefinitpronomina und die Indefinitadverbien werden zusammengefaßt unter der Bezeichnung »Indefinita«.

# Die Numeralia

Es gibt bestimmte und un-bestimmte Numeralia (Zahl-wörter).
Die bestimmten Numeralia lassen sich einteilen in:

**1.** Grund-zahlen (Kardinal-zahlen; Frage: wie viele?)
ein(-er, -e, -es) / eins, zwei, drei, vier usw.
»ein(-er, -e, -es)« wird dekliniert wie ein Adjektiv.
Auch »zwei« und »drei« werden bisweilen dekliniert: Gen. zwei-er, drei-er; Dat.: zwei-en, drei-en.

**2.** Ordnungs-zahlen (Ordinal-zahlen; Frage: der wievielte?)
der / die / das erste, zweite, dritte, vierte usw.
Die Ordnungszahlen werden dekliniert wie Adjektive.

**3.** Zahl-adverbien
**a)** Aufzählungswörter (Frage: an wievielter Stelle?)
erstens, zweitens, drittens, viertens usw.
**b)** Wiederholungszahlwörter (Frage: wie oft?)
einmal, zweimal, dreimal, viermal usw.

Un-bestimmte Numeralia sind z. B.: »einige, manche, mehrere, alle, viele, wenige«.
Sie werden dekliniert wie Adjektive.
Die un-bestimmten Numeralia werden bisweilen auch dem Indefinitpronomen zugeordnet.

# Das Verb

## Die Konjugation der Verben

Die Flexion (Veränderung) des Verbs heißt Konjugation.

Ein Verb hat

| | | |
|---|---|---|
| **drei Tempus-stämme** | und | **drei Stamm-formen** |
| Präsens-stamm | | Inf. Präs. Akt. |
| lob, find | | lob-en, find-en |
| Imperfekt-stamm | | 1. Sg. Akt. Impf. Ind. |
| lob, fand | | lob-t-e, fand |
| Perfekt-stamm | | Part. Perf. |
| lob, fund | | ge-lob-t, ge-fund-en |

Von den drei Stamm-formen lassen sich alle übrigen Formen eines Verbs bilden.
Nach der Bildeweise der Tempus-stämme lassen sich zwei Arten der Konjugation unterscheiden:

die starke Konjugation
und die schwache Konjugation.

**1.** Die starke Konjugation
Die Verben der starken Konjugation
ändern ihren Stamm-vokal[1],
bilden die Tempus-stämme durch Ablaut, d. h. durch Wechsel des Stamm-vokals,
und haben im Partizip Perfekt die Endung »-en«.
f**i**nd-en, f**a**nd, ge-f**u**nd-en
w**e**rf-en, w**a**rf, ge-w**o**rf-en

**2.** Die schwache Konjugation
Die Verben der schwachen Konjugation
ändern ihren Stamm-vokal[1] nicht,
bilden das Imperfekt mit »-(e)t-«
und haben im Partizip Perfekt die Endung »-(e)t«.
f**ü**rcht-en, f**ü**rcht-et-e, ge-f**ü**rcht-et
l**o**b-en, l**o**b-t-e, ge-l**o**b-t

1) Der Stamm-vokal ist der Vokal des Tempus-stammes.
gr**ei**fen, gr**i**ff, gegr**i**ffen
s**e**tzen, s**e**tzte, ges**e**tzt

# Die Verbformen

Es gibt: **1.** finite Verbformen und
**2.** in-finite Verbformen.

**Die finiten Verbformen**

Die finiten Verbformen sind bestimmt nach fünf Hinsichten: Person, Numerus, Genus verbi, Tempus, Modus.

| | | |
|---|---|---|
| Person: | 1. | (ich; wir) |
| | 2. | (du; ihr) |
| | 3. | (er, sie, es; sie) |
| Numerus: | Singular | (ich; du; er, sie, es) |
| | Plural | (wir; ihr; sie) |
| Genus verbi: | Aktiv | (ich lobe) |
| | Passiv | (ich werde gelobt) |
| Tempus: | Präsens | (ich lobe) |
| | Imperfekt | (ich lobte) |
| | Futur I | (ich werde loben) |
| | Perfekt | (ich habe gelobt) |
| | Plusquamperfekt | (ich hatte gelobt) |
| | Futur II | (ich werde gelobt haben) |
| Modus: | Indikativ | (er lobt) |
| | Konjunktiv | (er lobe) |
| | Imperativ | (lobe!) |

»du lobst«: 2. Sg. Akt. Präs. Ind.
»sie loben«: 3. Pl. Akt. Präs. Ind./Konj.

**Die infiniten Verbformen**

Die infiniten Verbformen sind bestimmt nach zwei Hinsichten: Tempus und Genus verbi.
Die infiniten Verbformen sind:

die Infinitive

| | | |
|---|---|---|
| Präs. Akt.: | fesseln, laufen | |
| Perf. Akt.: | gefesselt haben, gelaufen sein | |
| Präs. Pass.: | gefesselt werden, | gefesselt sein |
| Perf. Pass.: | gefesselt worden sein, | gefesselt gewesen sein |

die Partizipien

| | |
|---|---|
| Präsens: | fesselnd, laufend |
| Perfekt: | gefesselt, gelaufen |

Die infiniten Verbformen sind die nominalen Formen des Verbs.

# Einfache und zusammengesetzte Verbformen

Die Verbformen sind
nicht zusammengesetzt: du lobst, loben
oder zusammengesetzt: du hast gelobt, gelobt haben[1]

Die finiten Verbformen[2] sind:

**1.** nicht zusammengesetzt
im Präs. Akt.: du lobst
und im Impf. Akt.: du lobtest

**2.** zusammengesetzt
in allen anderen Formen.
Die zusammengesetzten finiten Verbformen werden gebildet
mit den finiten Formen der Hilfsverben »haben, sein, werden«
und den in-finiten Formen des jeweiligen Verbs.

| | | |
|---|---|---|
| ich | werde | laufen |
| ich | werde | loben |
| ich | bin | gelaufen |
| ich | habe | gelobt |
| ich | werde | gelaufen sein |
| ich | werde | gelobt haben |
| ich | werde | gelobt |
| ich | werde | gelobt werden |
| ich | bin | gelobt worden |
| ich | werde | gelobt worden sein |
| | ↑ | ↑ |
| | konjugierter Teil | nicht-konjugierter Teil |

finite Verbform

---

1) Die zusammengesetzten Verbformen werden in der Wortform-bestimmung als *eine* Wortform bestimmt.
»du hast gelobt« : 2. Sg. Akt. Perf. Ind.
»gelobt (zu) haben« : Inf. Perf. Akt.

2) Zu den in-finiten Formen s. »Infinitiv« und »Partizip« (S. 51ff., S. 56ff.).

# Die Bildeweise der Verbformen

## Die finiten Verbformen[1]

**Aktiv**

| | | |
|---|---|---|
| Präsens: | Präsens-stamm + Endung | |
| | ich fessel-e | ich lauf-e |
| | du fessel-st | du läuf-st |
| Imperfekt: | Imperfekt-stamm + Endung | |
| | ich fessel-t-e | ich lief |
| | du fessel-t-e-st | du lief-st |
| Futur I: | Präsens von »werden« + Inf. Präs. Akt. | |
| | ich werd-e fessel-n | ich werd-e lauf-en |
| Perfekt[2]: | Präsens von »haben« oder »sein« + Part. Perf. | |
| | ich hab-e ge-fessel-t | |
| | ich bin ge-lauf-en | |
| Plusquamperfekt[2]: | Imperfekt von »haben« oder »sein« + Part. Perf. | |
| | ich hatt-e ge-fessel-t | |
| | ich war ge-lauf-en | |
| Futur II: | Futur I von »haben« oder »sein« + Part. Perf. | |
| | ich werd-e ge-fessel-t hab-en | |
| | ich werd-e ge-lauf-en sein | |

---

1) Zu den in-finiten Formen s. »Infinitiv« und »Partizip« (S. 51ff., S. 56ff.).

2) a) Die finiten Formen von »haben« und »sein« im Prädikat eines Nebensatzes können ausgelassen werden.
Das ist ein Antrag, wie ich ihn von Euch erwartet (sc. habe).
Das ist der Weg, auf dem er zu mir gekommen (sc. ist).

b) Die Verben »wollen, sollen, können, dürfen, müssen, mögen« und die Verben »sehen, hören, fühlen, lassen« bilden das Perfekt und das Plusquamperfekt auf zwei Weisen:
1. Wenn diese Verben ein Nomen als Objekt bei sich haben, ist der nicht-konjugierte Teil der finiten Verbform ein Partizip Perfekt.
Er hat(-te) das *ge-woll-t*.
Er hat(-te) dich *ge-seh-en*.
2. Wenn diese Verben einen Infinitiv als Objekt bei sich haben, ist der nicht-konjugierte Teil der finiten Verbform ein Infinitiv.
Er hat(-te) dich frag-en *woll-en*.
Er hat(-te) dich komm-en *seh-en*.

**Passiv**

**Vorgangs-passiv**
Das Vorgangspassiv wird gebildet mit den Formen des Hilfsverbs »werden« und dem Partizip Perfekt.

| | |
|---|---|
| Präsens: | Präsens von »werden« + Part. Perf.<br>ich werd-e ge-fessel-t |
| Imperfekt: | Imperfekt von »werden« + Part. Perf.<br>ich wurd-e ge-fessel-t |
| Futur I: | Futur I von »werden« + Part. Perf.<br>ich werd-e ge-fessel-t werd-en |
| Perfekt[1]: | Perfekt von »werden« + Part. Perf.<br>ich bin ge-fessel-t worden[2] |
| Plusquamperfekt[1]: | Plusquamperfekt von »werden« + Part. Perf.<br>ich war ge-fessel-t word-en[2] |
| Futur II: | Futur II von »werden« + Part. Perf.<br>ich werd-e ge-fessel-t word-en[2] sein |

**Zustands-passiv**
Das Zustandspassiv wird gebildet mit den Formen des Hilfsverbs »sein« und dem Partizip Perfekt.

| | |
|---|---|
| Präsens: | Präsens von »sein« + Part. Perf.<br>ich bin ge-fessel-t |
| Imperfekt: | Imperfekt von »sein« + Part. Perf.<br>ich war ge-fessel-t |
| Futur I: | Futur I von »sein« + Part. Perf.<br>ich werd-e ge-fessel-t sein |
| Perfekt[1]: | Perfekt von »sein« + Part. Perf.<br>ich bin ge-fessel-t ge-wes-en |
| Plusquamperfekt[1]: | Plusquamperfekt von »sein« + Part. Perf.<br>ich war ge-fessel-t ge-wes-en |
| Futur II: | Futur II von »sein« + Part. Perf.<br>ich werd-e ge-fessel-t ge-wes-en sein |

---

1) Die finiten Formen von »werden« und »sein« im Prädikat eines Nebensatzes können ausgelassen werden. Er sagte, das sei der Stock, mit dem er geschlagen worden (sc. sei), und das die Fessel, mit der er gefesselt worden / gewesen (sc. sei).

2) Im Perfekt, Plusquamperfekt und Futur II des Vorgangspassivs steht statt »ge-worden« nur »worden«.

# Die infiniten Verbformen

## Der Infinitiv

Der Infinitiv[1] war ursprünglich ein Verbal-substantiv und hatte finalen oder konsekutiven Sinn. Diesen Sinn hat er nicht selten auch heute noch.

Er gab den Armen etwas zu essen.
(Er gab den Armen etwas, damit / so daß sie ihren Hunger stillen konnten.)

### 1. Die Formen des Infinitivs

Es gibt vier Formen des Infinitivs
zwei Formen im Präsens:
**a)** Inf. Präs. Aktiv: fesseln, laufen
**b)** Inf. Präs. Passiv: gefesselt werden, gefesselt sein

und zwei Formen im Perfekt:
**a)** Inf. Perf. Aktiv: gefesselt haben, gelaufen sein
**b)** Inf. Perf. Passiv: gefesselt worden sein, gefesselt gewesen sein

Die Formen des Infinitivs können ohne »zu« und mit »zu« stehen:

| | |
|---|---|
| Präs. Akt.: | fesseln, laufen<br>zu fesseln, zu laufen |
| Präs. Pass.: | gefesselt werden, gefesselt sein<br>gefesselt zu werden, gefesselt zu sein |
| Perf. Akt.: | gefesselt haben, gelaufen sein<br>gefesselt zu haben, gelaufen zu sein |
| Perf. Pass.: | gefesselt worden sein,<br>gefesselt worden zu sein<br><br>gefesselt gewesen sein<br>gefesselt gewesen zu sein |

### 2. Bildeweise

**Infinitiv Präsens**

**a)** Aktiv
Der Inf. Präs. Akt. wird gebildet
aus dem Präsens-stamm des Verbs
und der Endung »-en«[2]: lob-en, lauf-en

1) »In-finitiv« kommt von lat. »in-finitivus« (un-begrenzt). Der Infinitiv ist nicht begrenzt in Hinsicht auf Person, Numerus und Modus.

2) Die Endung des Inf. Präs. Akt. ist bisweilen nur »-n«.
kletter-n, zauder-n, hagel-n, lispel-n, tu-n

**b)** Passiv

Der Inf. Präs. Pass. wird gebildet

**1.** im Vorgangs-passiv

aus dem Partizip Perfekt des Verbs und dem Infinitiv »werden«

gefesselt werden

**2.** im Zustands-passiv

aus dem Partizip Perfekt des Verbs und dem Infinitiv »sein«

gefesselt sein

**Infinitiv Perfekt**

**a)** Aktiv

Der Inf. Perf. Akt. wird gebildet

aus dem Partizip Perfekt des Verbs

und den Infinitiven »haben« oder »sein«.

gefesselt haben, gelaufen sein

**b)** Passiv

Der Inf. Perf. Pass. wird gebildet

**1.** im Vorgangs-passiv

aus dem Partizip Perfekt des Verbs und dem Infinitiv »worden sein«[1]

gefesselt worden sein

**2.** im Zustands-passiv

aus dem Partizip Perfekt des Verbs und dem Infinitiv »gewesen sein«

gefesselt gewesen sein

**3. Bedeutung**

**a)** Der Infinitiv Präsens

Der Infinitiv Präsens bezeichnet Handlungen und Erleidnisse, Vorgänge und Zustände als nicht-abgeschlossen.

fesseln, laufen

gefesselt werden, gefesselt sein

**b)** Der Infinitiv Perfekt

Der Infinitiv Perfekt bezeichnet Handlungen und Erleidnisse, Vorgänge und Zustände als abgeschlossen.

gefesselt haben, gelaufen sein

gefesselt worden sein, gefesselt gewesen sein

---

1) »worden« ist verkürzte Form von »ge-worden« (vgl. S. 50, Anm. 2).

## 4. Zeitverhältnis

**a)** Der Infinitiv Präsens
Der Infinitiv Präsens bezeichnet die Gleich-zeitigkeit.[1]
Er glaubt(-e) zu träumen.
Er glaubt(-e)$_{(,)}$ betrogen zu werden.
Er glaubt(-e)$_{(,)}$ betrogen zu sein.

**b)** Der Infinitiv Perfekt
Der Infinitiv Perfekt bezeichnet die Vor-zeitigkeit.
Er glaubt(-e)$_{(,)}$ geträumt zu haben.
Er glaubt(-e)$_{(,)}$ betrogen worden zu sein.
Er glaubt(-e)$_{(,)}$ betrogen gewesen zu sein.

## 5. Gebrauch[2]

**a) Der Infinitiv ohne »zu«**
Der Infinitiv ohne »zu« wird gebraucht:

**1.** als Teil einer zusammengesetzten finiten oder infiniten Verbform
ich werde fesseln; gefesselt haben, gefesselt werden/sein

**2.** als Objekt der Modalverben »wollen, sollen, können, dürfen, müssen, mögen«
Ich will singen.

**3.** im A.c.I.
Ein A.c.I. (accusativus cum infinitivo) besteht aus einem Nomen im Akkusativ und einem Verb im Infinitiv.
Beide sind abhängig vom Prädikat und als Satzteile Objekte des Prädikates.
Das Nomen im Akkusativ ist logisch zugleich Subjekt der im Infinitiv genannten Handlung.[3]
Ich sehe den Schornstein rauchen.

---

1) Bisweilen bezeichnet der Infinitiv Präsens die Nach-zeitigkeit.
Er hofft(-e) zu gewinnen. (Er hofft(-e), er werde gewinnen.)

2) Der Infinitiv ist eine nominale Verbform. Daher kann er im Satz wie ein Nomen gebraucht werden.
Der nicht-substantivierte Infinitiv ist, der Wortform nach bestimmt, als Subjekt Nom. Sg. n., als Objekt Akk. Sg. n.; daher kann ein Pronomen im Neutr. (z.B. »es, das, dieses«) auf ihn verweisen.
Der substantivierte Infinitiv ist Sg. n. und kann in allen Kasus stehen.

3) Weil das Nomen im Akkusativ logisch zugleich Subjekt der im Infinitiv genannten Handlung ist, wird der Akkusativ auch Subjekts-akkusativ genannt.
Der A.c.I. läßt sich in einen »daß«-Satz umformen. Dabei wird das Nomen zum Subjekt und der Infinitiv zum Prädikat des »daß«-Satzes. Der »daß«-Satz als ganzer ist Objekt des Prädikates des übergeordneten Satzes.

| | | |
|---|---|---|
| Ich sehe | den Schornstein | rauchen. |
| Ich sehe | den | (rauchenden) Schornstein. |
| Ich sehe | (des Schornsteins) | Rauch. |
| Ich sehe, daß | der Schornstein | raucht. |

Der A.c.I. steht bei den Verben »sehen, hören, fühlen, lehren, lassen, heißen, machen« u.a.

Er fühlte keinen Wunsch in seiner Brust sich ferner regen.
Du solltest die Kinder nicht auf der Straße spielen lassen!
Man hätte eine Stecknadel auf den Boden fallen hören können.
Heiß mich nicht reden, heiß mich schweigen!

**4.** als adverbiale Bestimmung

Er ging fischen.

**5.** auffordernd

Antreten! Aufstehen! Nicht hinauslehnen!

**6.** substantiviert

Der Infinitiv kann substantiviert werden.

Der substantivierte Infinitiv
ist ein Neutrum,
wird nach der starken Deklination dekliniert,
hat keinen Plural
und kann als Satzteil das sein, was ein Substantiv als Satzteil sein kann.

das Lesen, des Lesen-s, dem Lesen, das Lesen; zum Lesen
Das Lesen ist eine Kunst. Laß das Lesen!
Die Kunst des Lesens verstehen nur wenige.

**b) Der Infinitiv mit »zu«**

Der Infinitiv mit »zu« wird gebraucht:

**1.** als Teil einer zusammengesetzten infiniten Verbform

gefesselt zu haben, gelaufen zu sein
gefesselt zu werden, gefesselt zu sein

**2.** als Subjekt

Es hat mich nicht gereut, zu schweigen.
Es hat mich nicht gereut, geschwiegen zu haben.

Betrogen zu werden ist niemandem angenehm.
Betrogen worden zu sein ist niemandem angenehm.

Es ist schön, zu verreisen. Zu verreisen ist schön.

**3.** als Objekt[1]

Er gibt vor zu arbeiten.
Er gibt vor$_{(,)}$ gearbeitet zu haben.

Er behauptet$_{(,)}$ betrogen zu sein.
Er behauptet$_{(,)}$ betrogen worden zu sein.

Er haßt es, ununterbrochen zu arbeiten.

**4.** als Attribut

Seine Behauptung, die Wahrheit zu sagen, war falsch.
Seine Behauptung, die Wahrheit gesagt zu haben, war falsch.

Seine Sorge, betrogen zu werden, war unbegründet.
Seine Sorge, betrogen zu sein, war unbegründet.

**5.** als adverbiale Bestimmung[1]

Er war so klug, sich nicht zu verraten.
Mein Freund kam, mich zu besuchen.
Ich ging in den Wald, um Pilze zu suchen.

---

1) Infinitive, auf die ein Pronomial-adverb (dar-über, dar-auf, da-mit, da-für, da-zu, da-von, da-bei, dar-an u. a.) hinweist, sind als Satzteil adverbiale Bestimmung oder (präpositionales) Objekt.
Er freute sich darüber, seinen Gegner besiegt zu haben.
Er freute sich darauf, uns zu besuchen.

## Das Partizip

Das Partizip[1] ist ein Verbal-adjektiv, d.h. es hat teil
an den Eigenschaften des Verbs
und an den Eigenschaften des Adjektivs.

Mit dem Verb hat das Partizip gemein:

**1.** Es regiert denselben Kasus wie das Verb.
einen Gassenhauer pfeifend
seinem Wort vertrauend
aller Mittel beraubt

**2.** Es wird durch Adverbien näher bestimmt (nicht durch Adjektive).
kurz gesagt
heftig blutend

**3.** Es drückt ein Genus verbi aus.
schlagend – geschlagen

**4.** Es drückt ein Zeitverhältnis aus.
Pfeifend tritt / trat er ein.
Kaum zurückgekehrt, muß(-te) er schon wieder fort.

Mit dem Adjektiv hat das Partizip gemein:

**1.** Es wird dekliniert wie ein Adjektiv, d.h. es ist bestimmbar in Hinsicht auf Kasus, Numerus und Genus.[2]

| | | |
|---|---|---|
| schlagend-er | schlagend-e | schlagend-es |
| geschlagen-er | geschlagen-e | geschlagen-es |

| | | | | | |
|---|---|---|---|---|---|
| | liebend-es | Herz | | geliebt-es | Herz |
| ein | liebend-es | Herz | ein | geliebt-es | Herz |
| das | liebend-e | Herz | das | geliebt-e | Herz |
| | liebend-e | Herzen | | geliebt-e | Herzen |
| die | liebend-en | Herzen | die | geliebt-en | Herzen |

**2.** Es wird als Attribut, als Prädikativum und als Prädikatsnomen gebraucht.
Der lachende Erbe trat ein.
Lachend trat der Erbe ein.
Dein Vorschlag war glänzend.

**3.** Es ist substantivierbar.

| | |
|---|---|
| ein Lehrend-er | ein Gelehrt-er |
| der Lehrend-e | der Gelehrt-e |
| Lehrend-e | Gelehrt-e |

---

1) »Partizip« kommt von dem lateinischen Substantiv »participium« (das Teil-nehmen). »Participium« kommt von »parti-ceps« (teil-nehmend).

2) Zur Steigerung der Partizipien s. S. 30, Anm. 2.

## Die Formen des Partizips

Es gibt zwei Formen des Partizips:
das Partizip Präsens,
das Partizip Perfekt.

### Das Partizip Präsens

**1.** Bildeweise
Das Partizip Präsens wird gebildet
aus dem Präsensstamm des Verbs
und aus der Endung »-e-nd«: geh-e-nd.[1]

**2.** Bedeutung
Das Partizip Präsens bezeichnet Handlungen und Erleidnisse, Vorgänge und Zustände als nicht-abgeschlossen.
singend, leidend, blitzend, schlafend

**3.** Genus verbi
Das Partizip Präsens ist aktivisch.
singend, leidend, blitzend, schlafend

**4.** Zeitverhältnis
Das Partizip Präsens drückt die Gleichzeitigkeit aus.
Sinnend steht / stand er am Fenster.

**5.** Gebrauch
Das Partizip Präsens wird gebraucht:
**a)** als Attribut
Eine singende Frau trat ins Zimmer.
**b)** als Prädikativum
Die Frau trat singend ins Zimmer.
Der Redner sprach stehend.
**c)** als Prädikatsnomen
Dein Vortrag war glänzend.
**d)** als adverbiale Bestimmung[2]
Der Redner sprach fließend.

---

1) Bisweilen nur »-nd«: hagel-nd, zauder-nd.

2) Aus einem Partizip (Verbal-Adjektiv) kann sich ein Adverb entwickeln. Solche verbaladjektivischen Adverbien lassen sich den adjektivischen Adverbien (vgl. S. 15) zuordnen und sind als Satzteil adverbiale Bestimmung der Art und Weise, bisweilen attributive Bestimmung.
Der Redner sprach fließend.
Othello war rasend eifersüchtig.
Bisweilen läßt sich nicht eindeutig entscheiden, ob ein Partizip (als Satzteil Prädikativum) oder ein Adverb (als Satzteil adverbiale Bestimmung) vorliegt (vgl. S. 93, Anm. 1).
Das hat sie treffend gesagt.
Du hast deine Aufgabe glänzend gelöst.

**Das Partizip Perfekt**

**1.** Bildeweise

Das Partizip Perfekt wird gebildet

aus dem Perfekt-stamm des Verbs,

aus der Endung »-en« in der starken Konjugation,

aus der Endung »-(e)t« in der schwachen Konjugation

und in der Regel[1] aus dem Präfix »ge-«: ge-sung-en,

ge-lob -t.

**2.** Bedeutung

Das Partizip Perfekt bezeichnet

**a)** Handlungen und Erleidnisse, Vorgänge und Zustände als abgeschlossen

gelaufen, gefallen, geschlagen

**b)** das Ergebnis einer Handlung, den Zustand aus einer vorausgegangenen Handlung

gefüllt (und jetzt voll), geleert (und jetzt leer),
gerissen (und jetzt entzwei)

**c)** Erleidnisse und Zustände als nicht-abgeschlossen

geliebt, unterdrückt, geknechtet, getragen

**3.** Genus verbi

Das Partizip Perfekt ist

**a)** aktivisch

gefallen, entsprungen

**b)** passivisch

gefällt, gefüllt, geleert

**4.** Zeitverhältnis

Das Partizip Perfekt bezeichnet

**a)** die Vor-zeitigkeit

Kaum von der Reise zurückgekehrt, erkrankt(-e) er schwer.
(= Als er kaum ... zurückgekehrt ist / war, ...)

---

1) Mit dem Präfix »ge-« bilden das Partizip Perfekt

a) alle Simplicia (außer den Verben auf »-ieren«)

loben – ge-lobt, singen – ge-sungen (spazieren – spaziert)

b) alle Komposita, die die Präposition oder das Adverb betonen (und nicht den Verbstamm); »-ge-« steht zwischen Präposition oder Adverb und Stamm (vgl. S. 151f.).

vor-setzen – vor-ge-setzt
über-setzen – über-ge-setzt
voran-setzen – voran-ge-setzt

**b)** die Gleich-zeitigkeit

Von Sorgen gebeugt, schleppt(-e) er sich durch die Jahre.
(= Indem er von Sorgen gebeugt wird/wurde, ...)
Die Eltern such(-t-)en ihr geliebtes Kind.
(= ... das Kind, das von ihnen geliebt wird/wurde.)

**5.** Gebrauch

Das Partizip Perfekt wird gebraucht:

**a)** als Teil einer zusammengesetzten Verbform

Das Partizip Perfekt bildet mit den Hilfsverben »haben, sein, werden« eine zusammengesetzte Verbform. Partizip Perfekt und Hilfsverb(-en) sind zusammen *eine* Verbform; sie ist finit oder in-finit.

**1.** Aktiv

Das Partizip Perfekt bildet mit den Formen der Hilfsverben »haben« und »sein«

**a)** die finiten Formen des Perfekts,
des Plusquamperfekts
und des Futurs II.

| | |
|---|---|
| Er hat geschlafen. | Er ist gelaufen. |
| Er hatte geschlafen. | Er war gelaufen. |
| Er wird geschlafen haben. | Er wird gelaufen sein. |

**b)** den Infinitiv des Perfekts

| | |
|---|---|
| geschlafen (zu) haben | gelaufen (zu) sein. |

**2.** Passiv

Das Partizip Perfekt bildet

**a)** mit den Formen des Hilfsverbs »werden« alle Formen des Vorgangspassivs:

Er wird gefesselt.
Er wurde gefesselt.
Er wird gefesselt werden.
Er ist gefesselt worden.[1]
Er war gefesselt worden.[1]
Er wird gefesselt worden sein.[1]
gefesselt (zu) werden
gefesselt worden (zu) sein[1]

---

1) »worden« ist verkürzte Form von »ge-worden«.

Das Partizip Perfekt bildet

**b)** mit den Formen des Hilfsverbs »sein« alle Formen des Zustands-passivs:

Er ist gefesselt.
Er war gefesselt.
Er wird gefesselt sein.
Er ist gefesselt gewesen.
Er war gefesselt gewesen.
Er wird gefesselt gewesen sein.
gefesselt (zu) sein
gefesselt gewesen (zu) sein

**b)** als Attribut

der geschlagene Feind, die gebundenen Hände,
die geladene Flinte, der entsprungene Löwe,
der betrogene Betrüger

**c)** als Prädikativum

Verärgert saß er am Tisch.
Gebannt schaute er auf das Flammenmeer.

**d)** als Prädikatsnomen

Seine Rede war gesalzen.

**e)** als adverbiale Bestimmung

Das ist offen gesagt eine Beleidigung.
Genau genommen hatte Fritz recht.

**f)** auffordernd

Weggetreten! Stillgestanden!

## Konjugation des Verbs »sein«

| *Indikativ* | | | | *Konjunktiv* | | | |
|---|---|---|---|---|---|---|---|
| | | | | **Präsens** | | | |
| ich | bin | | | ich | sei | | |
| du | bist | | | du | sei(e)st | | |
| er, sie, es | ist | | | er, sie, es | sei | | |
| wir | sind | | | wir | seien | | |
| ihr | seid | | | ihr | seiet | | |
| sie | sind | | | sie | seien | | |
| | | | | **Imperfekt** | | | |
| ich | war | | | ich | wäre | | |
| du | warst | | | du | wärest | | |
| er, sie, es | war | | | er, sie, es | wäre | | |
| wir | waren | | | wir | wären | | |
| ihr | wart | | | ihr | wäret | | |
| sie | waren | | | sie | wären | | |
| | | | | **Futur I** | | | |
| ich | werde | | sein | ich | werde | | sein |
| du | wirst | | sein | du | werdest | | sein |
| er, sie, es | wird | | sein | er, sie, es | werde | | sein |
| wir | werden | | sein | wir | werden | | sein |
| ihr | werdet | | sein | ihr | werdet | | sein |
| sie | werden | | sein | sie | werden | | sein |
| | | | | **Perfekt** | | | |
| ich | bin | gewesen | | ich | sei | gewesen | |
| du | bist | gewesen | | du | seiest | gewesen | |
| er, sie, es | ist | gewesen | | er, sie, es | sei | gewesen | |
| wir | sind | gewesen | | wir | seien | gewesen | |
| ihr | seid | gewesen | | ihr | seiet | gewesen | |
| sie | sind | gewesen | | sie | seien | gewesen | |
| | | | | **Plusquamperfekt** | | | |
| ich | war | gewesen | | ich | wäre | gewesen | |
| du | warst | gewesen | | du | wärest | gewesen | |
| er, sie, es | war | gewesen | | er, sie, es | wäre | gewesen | |
| wir | waren | gewesen | | wir | wären | gewesen | |
| ihr | wart | gewesen | | ihr | wäret | gewesen | |
| sie | waren | gewesen | | sie | wären | gewesen | |
| | | | | **Futur II** | | | |
| ich | werde | gewesen | sein | ich | werde | gewesen | sein |
| du | wirst | gewesen | sein | du | werdest | gewesen | sein |
| er, sie, es | wird | gewesen | sein | er, sie, es | werde | gewesen | sein |
| wir | werden | gewesen | sein | wir | werden | gewesen | sein |
| ihr | werdet | gewesen | sein | ihr | werdet | gewesen | sein |
| sie | werden | gewesen | sein | sie | werden | gewesen | sein |

| | |
|---|---|
| Imperativ Sg.: sei!<br>Pl.: seid! | Infinitiv Präsens: sein<br>Perfekt: gewesen sein |
| | Partizip Präsens: seiend<br>Perfekt: gewesen |

Konj. II des Fut. I : ich würde sein
Konj. II des Fut. II: ich würde gewesen sein

## Konjugation des Verbs »werden«

| *Indikativ* | | | | *Konjunktiv* | | | |
|---|---|---|---|---|---|---|---|
| | | | **Präsens** | | | | |
| ich | werde | | | ich | werde | | |
| du | wirst | | | du | werdest | | |
| er | wird | | | er | werde | | |
| wir | werden | | | wir | werden | | |
| ihr | werdet | | | ihr | werdet | | |
| sie | werden | | | sie | werden | | |
| | | | **Imperfekt** | | | | |
| ich | wurde | | | ich | würde | | |
| du | wurdest | | | du | würdest | | |
| er | wurde | | | er | würde | | |
| wir | wurden | | | wir | würden | | |
| ihr | wurdet | | | ihr | würdet | | |
| sie | wurden | | | sie | würden | | |
| | | | **Futur I** | | | | |
| ich | werde | | werden | ich | werde | | werden |
| du | wirst | | werden | du | werdest | | werden |
| er | wird | | werden | er | werde | | werden |
| wir | werden | | werden | wir | werden | | werden |
| ihr | werdet | | werden | ihr | werdet | | werden |
| sie | werden | | werden | sie | werden | | werden |
| | | | **Perfekt** | | | | |
| ich | bin | geworden | | ich | sei | geworden | |
| du | bist | geworden | | du | sei(e)st | geworden | |
| er | ist | geworden | | er | sei | geworden | |
| wir | sind | geworden | | wir | seien | geworden | |
| ihr | seid | geworden | | ihr | seiet | geworden | |
| sie | sind | geworden | | sie | seien | geworden | |
| | | | **Plusquamperfekt** | | | | |
| ich | war | geworden | | ich | wäre | geworden | |
| du | warst | geworden | | du | wärest | geworden | |
| er | war | geworden | | er | wäre | geworden | |
| wir | waren | geworden | | wir | wären | geworden | |
| ihr | wart | geworden | | ihr | wäret | geworden | |
| sie | waren | geworden | | sie | wären | geworden | |
| | | | **Futur II** | | | | |
| ich | werde | geworden | sein | ich | werde | geworden | sein |
| du | wirst | geworden | sein | du | werdest | geworden | sein |
| er | wird | geworden | sein | er | werde | geworden | sein |
| wir | werden | geworden | sein | wir | werden | geworden | sein |
| ihr | werdet | geworden | sein | ihr | werdet | geworden | sein |
| sie | werden | geworden | sein | sie | werden | geworden | sein |

Imperativ Sg.: werde!
Pl.: werdet!

Infinitiv Präsens: werden
Perfekt: geworden sein

Partizip Präsens: werdend
Perfekt: geworden

Konj. II des Fut. I : ich würde werden
Konj. II des Fut. II: ich würde geworden sein

## Konjugation des Verbs »haben«

| *Indikativ* | | | | *Konjunktiv* | | | |
|---|---|---|---|---|---|---|---|
| | | | | **Präsens** | | | |
| ich | habe | | | ich | habe | | |
| du | hast | | | du | habest | | |
| er | hat | | | er | habe | | |
| wir | haben | | | wir | haben | | |
| ihr | habt | | | ihr | habet | | |
| sie | haben | | | sie | haben | | |
| | | | | **Imperfekt** | | | |
| ich | hatte | | | ich | hätte | | |
| du | hattest | | | du | hättest | | |
| er | hatte | | | er | hätte | | |
| wir | hatten | | | wir | hätten | | |
| ihr | hattet | | | ihr | hättet | | |
| sie | hatten | | | sie | hätten | | |
| | | | | **Futur I** | | | |
| ich | werde | | haben | ich | werde | | haben |
| du | wirst | | haben | du | werdest | | haben |
| er | wird | | haben | er | werde | | haben |
| wir | werden | | haben | wir | werden | | haben |
| ihr | werdet | | haben | ihr | werdet | | haben |
| sie | werden | | haben | sie | werden | | haben |
| | | | | **Perfekt** | | | |
| ich | habe | gehabt | | ich | habe | gehabt | |
| du | hast | gehabt | | du | habest | gehabt | |
| er | hat | gehabt | | er | habe | gehabt | |
| wir | haben | gehabt | | wir | haben | gehabt | |
| ihr | habt | gehabt | | ihr | habet | gehabt | |
| sie | haben | gehabt | | sie | haben | gehabt | |
| | | | | **Plusquamperfekt** | | | |
| ich | hatte | gehabt | | ich | hätte | gehabt | |
| du | hattest | gehabt | | du | hättest | gehabt | |
| er | hatte | gehabt | | er | hätte | gehabt | |
| wir | hatten | gehabt | | wir | hätten | gehabt | |
| ihr | hattet | gehabt | | ihr | hättet | gehabt | |
| sie | hatten | gehabt | | sie | hätten | gehabt | |
| | | | | **Futur II** | | | |
| ich | werde | gehabt | haben | ich | werde | gehabt | haben |
| du | wirst | gehabt | haben | du | werdest | gehabt | haben |
| er | wird | gehabt | haben | er | werde | gehabt | haben |
| wir | werden | gehabt | haben | wir | werden | gehabt | haben |
| ihr | werdet | gehabt | haben | ihr | werdet | gehabt | haben |
| sie | werden | gehabt | haben | sie | werden | gehabt | haben |

| | | | | |
|---|---|---|---|---|
| Imperativ Sg.: | hab(-e)! | Infinitiv Präsens: | haben | |
| Pl.: | hab(-e-)t! | Perfekt: | gehabt | haben |
| | | Partizip Präsens: | habend | |
| | | Perfekt: | gehabt | |

Konj. II des Fut. I : ich würde haben
Konj. II des Fut. II: ich würde gehabt haben

## Konjugation des Verbs »loben«

### Aktiv

| *Indikativ* | | | | *Konjunktiv* | | | |
|---|---|---|---|---|---|---|---|
| | | | | **Präsens** | | | |
| ich | | lobe | | ich | | lobe | |
| du | | lobst | | du | | lobest | |
| er, sie, es | | lobt | | er, sie, es | | lobe | |
| wir | | loben | | wir | | loben | |
| ihr | | lobt | | ihr | | lobet | |
| sie | | loben | | sie | | loben | |
| | | | | **Imperfekt** | | | |
| ich | | lobte | | ich | | lobte | |
| du | | lobtest | | du | | lobtest | |
| er, sie, es | | lobte | | er, sie, es | | lobte | |
| wir | | lobten | | wir | | lobten | |
| ihr | | lobtet | | ihr | | lobtet | |
| sie | | lobten | | sie | | lobten | |
| | | | | **Futur I** | | | |
| ich | werde | loben | | ich | werde | loben | |
| du | wirst | loben | | du | werdest | loben | |
| er, sie, es | wird | loben | | er, sie, es | werde | loben | |
| wir | werden | loben | | wir | werden | loben | |
| ihr | werdet | loben | | ihr | werdet | loben | |
| sie | werden | loben | | sie | werden | loben | |
| | | | | **Perfekt** | | | |
| ich | habe | gelobt | | ich | habe | gelobt | |
| du | hast | gelobt | | du | habest | gelobt | |
| er, sie, es | hat | gelobt | | er, sie, es | habe | gelobt | |
| wir | haben | gelobt | | wir | haben | gelobt | |
| ihr | habt | gelobt | | ihr | habet | gelobt | |
| sie | haben | gelobt | | sie | haben | gelobt | |
| | | | | **Plusquamperfekt** | | | |
| ich | hatte | gelobt | | ich | hätte | gelobt | |
| du | hattest | gelobt | | du | hättest | gelobt | |
| er, sie, es | hatte | gelobt | | er, sie, es | hätte | gelobt | |
| wir | hatten | gelobt | | wir | hätten | gelobt | |
| ihr | hattet | gelobt | | ihr | hättet | gelobt | |
| sie | hatten | gelobt | | sie | hätten | gelobt | |
| | | | | **Futur II** | | | |
| ich | werde | gelobt | haben | ich | werde | gelobt | haben |
| du | wirst | gelobt | haben | du | werdest | gelobt | haben |
| er, sie, es | wird | gelobt | haben | er, sie, es | werde | gelobt | haben |
| wir | werden | gelobt | haben | wir | werden | gelobt | haben |
| ihr | werdet | gelobt | haben | ihr | werdet | gelobt | haben |
| sie | werden | gelobt | haben | sie | werden | gelobt | haben |

| | | | | |
|---|---|---|---|---|
| Imperativ Sg.: | lobe! | Infinitiv Präsens: | loben | |
| Pl. : | lob(-e-)t! | Perfekt: | gelobt | haben |
| | | Partizip Präsens: | lobend | |

Konj. II des Fut. I : ich würde loben
Konj. II des Fut. II: ich würde gelobt haben

**Konjugation des Verbs »loben«**

**Passiv**

| *Indikativ* | | | | | *Konjunktiv* | | | |
|---|---|---|---|---|---|---|---|---|
| | | | | **Präsens** | | | | |
| ich | werde | gelobt | | | werde | gelobt | | |
| du | wirst | gelobt | | | werdest | gelobt | | |
| er, sie, es | wird | gelobt | | | werde | gelobt | | |
| wir | werden | gelobt | | | werden | gelobt | | |
| ihr | werdet | gelobt | | | werdet | gelobt | | |
| sie | werden | gelobt | | | werden | gelobt | | |
| | | | | **Imperfekt** | | | | |
| ich | wurde | gelobt | | | würde | gelobt | | |
| du | wurdest | gelobt | | | würdest | gelobt | | |
| er, sie, es | wurde | gelobt | | | würde | gelobt | | |
| wir | wurden | gelobt | | | würden | gelobt | | |
| ihr | wurdet | gelobt | | | würdet | gelobt | | |
| sie | wurden | gelobt | | | würden | gelobt | | |
| | | | | **Futur I** | | | | |
| ich | werde | gelobt | werden | | werde | gelobt | werden | |
| du | wirst | gelobt | werden | | werdest | gelobt | werden | |
| er, sie, es | wird | gelobt | werden | | werde | gelobt | werden | |
| wir | werden | gelobt | werden | | werden | gelobt | werden | |
| ihr | werdet | gelobt | werden | | werdet | gelobt | werden | |
| sie | werden | gelobt | werden | | werden | gelobt | werden | |
| | | | | **Perfekt** | | | | |
| ich | bin | gelobt | worden | | sei | gelobt | worden | |
| du | bist | gelobt | worden | | sei(e)st | gelobt | worden | |
| er, sie, es | ist | gelobt | worden | | sei | gelobt | worden | |
| wir | sind | gelobt | worden | | seien | gelobt | worden | |
| ihr | seid | gelobt | worden | | seiet | gelobt | worden | |
| sie | sind | gelobt | worden | | seien | gelobt | worden | |
| | | | | **Plusquamperfekt** | | | | |
| ich | war | gelobt | worden | | wäre | gelobt | worden | |
| du | warst | gelobt | worden | | wärest | gelobt | worden | |
| er, sie, es | war | gelobt | worden | | wäre | gelobt | worden | |
| wir | waren | gelobt | worden | | wären | gelobt | worden | |
| ihr | wart | gelobt | worden | | wäret | gelobt | worden | |
| sie | waren | gelobt | worden | | wären | gelobt | worden | |
| | | | | **Futur II** | | | | |
| ich | werde | gelobt | worden | sein | werde | gelobt | worden | sein |
| du | wirst | gelobt | worden | sein | werdest | gelobt | worden | sein |
| er, sie, es | wird | gelobt | worden | sein | werde | gelobt | worden | sein |
| wir | werden | gelobt | worden | sein | werden | gelobt | worden | sein |
| ihr | werdet | gelobt | worden | sein | werdet | gelobt | worden | sein |
| sie | werden | gelobt | worden | sein | werden | gelobt | worden | sein |

| | |
|---|---|
| Infinitiv Präsens: | gelobt werden |
| Perfekt: | gelobt worden sein |
| Partizip Perfekt: | gelobt |

Konj. II des Fut. I : ich würde gelobt werden
Konj. II des Fut. II: ich würde gelobt worden sein

**Konjugation des Verbs »laufen«**

| *Indikativ* | | | | *Konjunktiv* | | | |
|---|---|---|---|---|---|---|---|
| **Präsens** | | | | | | | |
| ich | | laufe | | ich | | laufe | |
| du | | läufst | | du | | laufest | |
| er | | läuft | | er | | laufe | |
| wir | | laufen | | wir | | laufen | |
| ihr | | lauft | | ihr | | laufet | |
| sie | | laufen | | sie | | laufen | |
| **Imperfekt** | | | | | | | |
| ich | | lief | | ich | | liefe | |
| du | | liefst | | du | | liefest | |
| er | | lief | | er | | liefe | |
| wir | | liefen | | wir | | liefen | |
| ihr | | lief(e)t | | ihr | | liefet | |
| sie | | liefen | | sie | | liefen | |
| **Futur I** | | | | | | | |
| ich | werde | laufen | | ich | werde | laufen | |
| du | wirst | laufen | | du | werdest | laufen | |
| er | wird | laufen | | er | werde | laufen | |
| wir | werden | laufen | | wir | werden | laufen | |
| ihr | werdet | laufen | | ihr | werdet | laufen | |
| sie | werden | laufen | | sie | werden | laufen | |
| **Perfekt** | | | | | | | |
| ich | bin | gelaufen | | ich | sei | gelaufen | |
| du | bist | gelaufen | | du | sei(e)st | gelaufen | |
| er | ist | gelaufen | | er | sei | gelaufen | |
| wir | sind | gelaufen | | wir | seien | gelaufen | |
| ihr | seid | gelaufen | | ihr | seiet | gelaufen | |
| sie | sind | gelaufen | | sie | seien | gelaufen | |
| **Plusquamperfekt** | | | | | | | |
| ich | war | gelaufen | | ich | wäre | gelaufen | |
| du | warst | gelaufen | | du | wärest | gelaufen | |
| er | war | gelaufen | | er | wäre | gelaufen | |
| wir | waren | gelaufen | | wir | wären | gelaufen | |
| ihr | wart | gelaufen | | ihr | wäret | gelaufen | |
| sie | waren | gelaufen | | sie | wären | gelaufen | |
| **Futur II** | | | | | | | |
| ich | werde | gelaufen | sein | ich | werde | gelaufen | sein |
| du | wirst | gelaufen | sein | du | werdest | gelaufen | sein |
| er | wird | gelaufen | sein | er | werde | gelaufen | sein |
| wir | werden | gelaufen | sein | wir | werden | gelaufen | sein |
| ihr | werdet | gelaufen | sein | ihr | werdet | gelaufen | sein |
| sie | werden | gelaufen | sein | sie | werden | gelaufen | sein |

| | | | | |
|---|---|---|---|---|
| Imperativ Sg.: | lauf(-e)! | Infinitiv Präsens: | laufen | |
| Pl.: | lauf(-e-)t! | Perfekt: | gelaufen | sein |
| | | Partizip Präsens: | laufend | |
| | | Perfekt: | gelaufen | |

Konj. II des Fut. I : ich würde laufen
Konj. II des Fut. II: ich würde gelaufen sein

**Konjugation des Verbs »springen«**

| *Indikativ* | | | | *Konjunktiv* | | | |
|---|---|---|---|---|---|---|---|
| | | | | **Präsens** | | | |
| ich | | springe | | ich | | springe | |
| du | | springst | | du | | springest | |
| er | | springt | | er | | springe | |
| wir | | springen | | wir | | springen | |
| ihr | | springt | | ihr | | springet | |
| sie | | springen | | sie | | springen | |
| | | | | **Imperfekt** | | | |
| ich | | sprang | | ich | | spränge | |
| du | | sprangst | | du | | sprängest | |
| er | | sprang | | er | | spränge | |
| wir | | sprangen | | wir | | sprängen | |
| ihr | | sprangt | | ihr | | spränget | |
| sie | | sprangen | | sie | | sprängen | |
| | | | | **Futur I** | | | |
| ich | werde | springen | | ich | werde | springen | |
| du | wirst | springen | | du | werdest | springen | |
| er | wird | springen | | er | werde | springen | |
| wir | werden | springen | | wir | werden | springen | |
| ihr | werdet | springen | | ihr | werdet | springen | |
| sie | werden | springen | | sie | werden | springen | |
| | | | | **Perfekt** | | | |
| ich | bin | gesprungen | | ich | sei | gesprungen | |
| du | bist | gesprungen | | du | sei(e)st | gesprungen | |
| er | ist | gesprungen | | er | sei | gesprungen | |
| wir | sind | gesprungen | | wir | seien | gesprungen | |
| ihr | seid | gesprungen | | ihr | seiet | gesprungen | |
| sie | sind | gesprungen | | sie | seien | gesprungen | |
| | | | | **Plusquamperfekt** | | | |
| ich | war | gesprungen | | ich | wäre | gesprungen | |
| du | warst | gesprungen | | du | wärest | gesprungen | |
| er | war | gesprungen | | er | wäre | gesprungen | |
| wir | waren | gesprungen | | wir | wären | gesprungen | |
| ihr | wart | gesprungen | | ihr | wäret | gesprungen | |
| sie | waren | gesprungen | | sie | wären | gesprungen | |
| | | | | **Futur II** | | | |
| ich | werde | gesprungen | sein | ich | werde | gesprungen | sein |
| du | wirst | gesprungen | sein | du | werdest | gesprungen | sein |
| er | wird | gesprungen | sein | er | werde | gesprungen | sein |
| wir | werden | gesprungen | sein | wir | werden | gesprungen | sein |
| ihr | werdet | gesprungen | sein | ihr | werdet | gesprungen | sein |
| sie | werden | gesprungen | sein | sie | werden | gesprungen | sein |

| | | | |
|---|---|---|---|
| Imperativ Sg.: | spring! | Infinitiv Präsens: | springen |
| Pl.: | spring(-e)t! | Perfekt: | gesprungen sein |
| | | Partizip Präsens: | springend |
| | | Perfekt: | gesprungen |

Konj. II des Fut. I : ich würde springen
Konj. II des Fut. II: ich würde gesprungen sein

## Unterscheidung zwischen Indikativformen und Konjunktivformen

### Aktiv

Die Formen des Indikativs und die des Konjunktivs lauten oft gleich, und zwar:
im Präsens in der 1. Sg., 1. Pl., 3. Pl.;
im Perfekt mit »haben« in der 1. Sg., 1. Pl., 3. Pl.;
im Futur in der 1. Sg. und im ganzen Plural.

Im Imperfekt hängt es von der Art der Verben ab, ob die Formen des Indikativs und die des Konjunktivs gleich lauten.

a) Bei den Verben der schwachen Konjugation lauten Indikativ und Konjunktiv gleich: ich lobte.

b) Bei den Verben der starken Konjugation sind die durch Umlaut (und durch den Bildevokal »e«) gebildeten Konjunktivformen von den Indikativformen unterschieden: ich käme, ich trüge.

c) In der Mitte zwischen diesen beiden Gruppen stehen diejenigen Verben der starken Konjugation, deren Konjunktivformen nicht durch Umlaut gebildet werden, sondern nur durch den Bildevokal »e«: ich ging-e. – Bei diesen Verben lauten Indikativ und Konjunktiv gleich in der 1. u. 3. Pl.:
   wir / sie gingen, wir / sie blieben.
   Bei den Verben, deren Stamm auf »d« oder »t« endet, lauten Indikativ und Konjunktiv auch in der 2. Pl. gleich:
   ihr strittet, ihr littet, ihr schiedet.

### Passiv

Indikativ und Konjunktiv des Passivs lauten gleich
in der 1. Sg. Präs. und Fut.
und im ganzen Plural Präs. und Fut.

| | | | |
|---|---|---|---|
| ich | werde | gelobt | (werden) |
| wir / sie | werden | gelobt | (werden) |
| ihr | werdet | gelobt | (werden) |
| ich | werde | gelobt | worden sein |
| wir / sie | werden | gelobt | worden sein |
| ihr | werdet | gelobt | worden sein |

In allen anderen Formen des Passivs sind Indikativ und Konjunktiv unterschieden.

# Die Genera verbi

Die Verben lassen sich nach ihrer Bedeutung in drei Arten einteilen:

**1.** Tätigkeits- und Handlungs-verben

Ich lese.

**2.** Vorgangs- und Geschehens-verben[1]

Das Wasser steigt. Der Versuch mißlingt. Ich werde müde.

**3.** Zustands-verben

Das Kind schläft. Ich bin müde.

Die Genera verbi[2] drücken aus, in welchem Verhältnis die im Prädikat genannte Handlung zum Subjekt steht und welche Richtung sie hat.
Es gibt zwei Genera verbi: Aktiv und Passiv.[3]

**Das Aktiv**

Das Aktiv drückt aus, daß die im Prädikat genannte Handlung vom Subjekt ausgeht: das Subjekt ist ihr Ausgangspunkt.

Ich sehe. Ⓢ —Handlung→
Ich sehe den Mond.
Ich helfe dir.
Ich denke dein.
Ich denke an dich.
Ich laufe.

---

1) Den Vorgangsverben lassen sich die Witterungsverben zuordnen. Die Witterungsverben haben kein Substantiv, sondern nur »es« als Subjekt.
Es regnet.

2) Die Bezeichnung »genus verbi« ist eine Analogie zu »genus nominis«. Die drei Genera des Verbs wurden als den drei Genera des Nomens entsprechend aufgefaßt: dem Maskulinum entspricht das Aktiv, dem Femininum das Passiv, dem Neutrum das Medium (Medium: das Mittlere). Das Medium ist das Genus verbi, bei dem der Handelnde zugleich der Erleidende ist. Ein Medium gibt es nur im Griechischen; im Deutschen haben die reflexiven Verben die Bedeutung des Mediums.
Ich bewege mich.
Aus diesem Grunde und weil das Genus verbi reflexiver Verben das Aktiv ist, werden die reflexiven Verben zwischen Aktiv und Passiv dargelegt.

3) »Aktiv« kommt von lat. »agere«: treiben, handeln, tun.
»Passiv« kommt von lat. »pati«: erleiden, jdm. widerfahren.

Auf Vorgangs-, Geschehens- und Zustands-verben trifft das über Aktiv und Passiv der Handlungsverben Gesagte nicht zu.

**Die reflexiven Verben**

Das Subjekt kann seine Handlung auf eine andere Person oder Sache richten:

Der Vater wäscht seinen Sohn. Ⓢ $\xrightarrow{\text{Handlung}}$ Obj.

Das Subjekt kann seine Handlung aber auch auf sich selbst (zurück) richten:

Der Vater wäscht sich. Ⓢ $\overleftarrow{\text{Handlung}}$

Der Rück-bezug der Handlung auf das Subjekt wird ausgedrückt
in der 1. und der 2. Person Sg. und Pl. durch das reflexiv gebrauchte Personalpronomen:

| | |
|---|---|
| Ich wasche mich. | Wir waschen uns. |
| Du wäschst dich. | Ihr wascht euch. |

in der 3. Person Sg. und Pl. durch das Reflexivpronomen »sich«:

| | |
|---|---|
| Er wäscht sich. | Sie waschen sich. |

Verben, die in Verbindung mit solchen Pronomina gebraucht werden, heißen reflexive Verben.
Es gibt zwei Arten reflexiver Verben:

**1.** Verben, die nur reflexiv gebraucht werden
Diese Verben kommen nur in Verbindung mit dem Reflexivpronomen »sich« oder den reflexiv gebrauchten Personalpronomina vor.

Er entschließt sich.
Ich erhole mich.
Ich maße mir kein Urteil an.

**2.** Verben, die nicht-reflexiv und reflexiv gebraucht werden
Diese Verben kommen in Verbindung mit nicht-reflexiv gebrauchten und reflexiv gebrauchten Pronomina vor.

Er ärgert mich.
Er ärgert sich.

Du erlaubst ihm zu große Freiheiten.
Du erlaubst dir zu große Freiheiten.

**Das Passiv**

Das Passiv wird nach zwei Hinsichten eingeteilt:

1. danach, ob es in allen Personen gebildet werden kann oder nicht:
   persönliches Passiv und un-persönliches Passiv
   Ich werde gefesselt.
   Es wird getanzt.
2. danach, ob es einen Vorgang oder einen Zustand ausdrückt:
   Vorgangs-passiv und Zustands-passiv
   Ich werde gefesselt.
   Ich bin gefesselt.

**Persönliches und un-persönliches Passiv**

Das persönliche Passiv kann in allen Personen gebildet werden.
Ein persönliches Passiv können nur transitive Verben bilden.

Ich werde gefesselt.
Du wirst gefesselt.
Er wird gefesselt.
Wir werden gefesselt.
Ihr werdet gefesselt.
Sie werden gefesselt.

Das un-persönliche Passiv kann nur in der 3. Sg. n. gebildet werden.
Ein un-persönliches Passiv bilden in-transitive Verben.

Ihm wird (von mir) geholfen.
Es wird getanzt.
Heute wird getanzt.

**Umwandlung des Aktivs ins Passiv**

Persönliches Passiv

Bei Umwandlung des Aktivs ins persönliche Passiv wird

a) das Akkusativobjekt des aktivischen Satzes
   im passivischen Satz zum Subjekt,
b) das Subjekt des aktivischen Satzes
   im passivischen Satz zur adverbialen Bestimmung des Urhebers.
   Die adverbiale Bestimmung des Urhebers kann ausfallen.
   Aktiv: Karl füttert den Hund.
   Passiv: Der Hund wird (von Karl) gefüttert.

Un-persönliches Passiv
Bei Umwandlung des Aktivs ins un-persönliche Passiv wird
a) ein Objekt nicht verändert
b) das Subjekt des aktivischen Satzes
im passivischen Satz zur adverbialen Bestimmung des Urhebers.
Die adverbiale Bestimmung des Urhebers kann ausfallen.

| | | |
|---|---|---|
| Aktiv: | Ich helfe ihm. | Sie tanzen. |
| Passiv: | Ihm wird (von mir) geholfen. | Es wird getanzt. |

**Vorgangs-passiv und Zustands-passiv**

Das Vorgangs-passiv bezeichnet einen Vorgang.
Die im Prädikat genannte Handlung ist bei transitiven Verben auf das Subjekt gerichtet.

| | |
|---|---|
| Ich werde gesehen. | Ⓢ ← Handlung |
| Ich werde gefesselt. | gefesselt (zu) werden |
| Ihm wird geholfen. | geholfen (zu) werden |

Das Zustands-passiv bezeichnet einen Zustand.
Der Zustand ist das Ergebnis einer vorausgegangenen Handlung.

| | |
|---|---|
| Ich bin gefesselt. | gefesselt (zu) sein. |
| Ihm ist geholfen. | geholfen (zu) sein |

**Vorgangs-passiv und Zustands-passiv**

| | | Vorgangspassiv | Zustandspassiv |
|---|---|---|---|
| Präs. | er | wird gefesselt | ist gefesselt |
| Impf. | er | wurde gefesselt | war gefesselt |
| Fut. I | er | wird gefesselt werden | wird gefesselt sein |
| Perf. | er | ist gefesselt worden | ist gefesselt gewesen |
| Plqpf. | er | war gefesselt worden | war gefesselt gewesen |
| Fut. II | er | wird gefesselt worden sein | wird gefesselt gewesen sein |

| | | |
|---|---|---|
| Inf. Präs. | gefesselt werden | gefesselt sein |
| Inf. Perf. | gefesselt worden sein | gefesselt gewesen sein |

# Die Zeitstufen, die Zeitverhältnisse und die Tempora

Es gibt

| **drei Zeitstufen** | **drei Zeitverhältnisse** | **sechs Tempora** |
|---|---|---|
| Gegenwart | Gleichzeitigkeit | Präsens |
| Vergangenheit | Vorzeitigkeit | Imperfekt |
| Zukunft | Nachzeitigkeit | Perfekt |
| | | Plusquamperfekt |
| | | Futur I |
| | | Futur II |

Die Tempora drücken aus:

**1.** die Zeit-stufe
Handlungen und Erleidnisse,
Vorgänge und Zustände[1]
sind entweder in der Gegenwart,
in der Vergangenheit
oder in der Zukunft.

Heute *bleibe* ich zu Hause. (Gegenwart)
Gestern *war* ich im Konzert. (Vergangenheit)
Ich *werde* ins Konzert *gehen*. (Zukunft)
Morgen *gehe* ich ins Konzert. (Zukunft)

**2.** das Zeit-verhältnis
Zwei oder mehr Handlungen und Erleidnisse, Vorgänge und Zustände stehen in einem zeitlichen Verhältnis zu einander, und zwar im
Verhältnis der Gleich-zeitigkeit,
der Vor -zeitigkeit,
oder der Nach -zeitigkeit.[2]

Das Zeitverhältnis in einem Satzgefüge wird bestimmt, indem das Zeitverhältnis des Nebensatzes[3] zum übergeordneten Satz ermittelt wird, und zwar mit der Frage:

Welches zeitliche Verhältnis hat die Handlung des Nebensatzes
zu der Handlung des übergeordneten Satzes?

Gleichzeitigkeit: Als (= während) ich *aß*, *schellte* es.
Vorzeitigkeit : Als (= nachdem) ich *gegessen hatte*, *schellte* es.
Nachzeitigkeit : Ich *weiß*, daß mir niemand *helfen wird*.

---

1) Statt »Handlungen und Erleidnisse, Vorgänge und Zustände« wird im folgenden oft verkürzt »Handlung(-en)« gesagt.

2) Vgl. S. 125.

3) Der Nebensatz hängt vom übergeordneten Satz ab und ist Satzteil des übergeordneten Satzes. Wie der untergeordnete Satz im ganzen als Satzteil des übergeordneten bestimmt wird, so wird auch das Zeitverhältnis als Verhältnis des untergeordneten Satzes zum übergeordneten bestimmt (nicht umgekehrt).

# Die Tempora im Indikativ[1]

**Das Präsens**

Das Präsens bezeichnet die Zeitstufe der Gegenwart, der Vergangenheit und der Zukunft. Daher steht im Präsens auch solches, was in allen drei Zeitstufen gilt.

**1.** Gegenwart.

Ich *lese*. Ich *bin* krank.

**2.** Vergangenheit

Im Jahre 800 *wird* Karl der Große zum Kaiser *gekrönt*.[2]

**3.** Zukunft

Morgen *reise* ich ab.[3]

**4.** in allen drei Zeitstufen Geltendes

Eine Hand *wäscht* die andere.
Zwei mal zwei *ist* vier.

**Das Imperfekt**[4]

Das Imperfekt bezeichnet die Zeitstufe der Vergangenheit.

Ich *las*.
Gestern *hörte* ich ein Konzert.

**Das Perfekt**

Das Perfekt bezeichnet zwei Zeitstufen:

**1.** die Zeitstufe der Vergangenheit;
es drückt zugleich aus, daß die Handlung der Vergangenheit in der Gegenwart abgeschlossen ist.

Er *hat gelacht*.
Er *ist erschrocken*.

**2.** die Zeitstufe der Gegenwart,
sofern es die Gegenwart eines Zustandes bezeichnet, der sich aus einer vorausgegangenen Handlung ergeben hat.

Er *ist erschrocken*.
Wir *haben* das Spiel (eben) *gewonnen* (und sind jetzt Sieger).

---

1) Im folgenden ist nur die Zeitstufen-bedeutung der Tempora im Indikativ dargelegt. Ihr Zeit-verhältnis ist Thema des Kapitels »Zeit-verhältnis« (s. S. 125 ff.).

2) Dieses Präsens heißt historisches Präsens; es ver-gegen-wärt-igt Vergangenes.

3) Wenn eine adverbiale Bestimmung auf die Zukünftigkeit hinweist, steht statt des Futurs meist das Präsens (vgl. S. 76).

4) Statt »Imperfekt« wird auch »Präteritum« gesagt.

**Das Plusquamperfekt**

Das Plusquamperfekt bezeichnet die Zeitstufe der Vergangenheit; es drückt außerdem aus,

1. daß die Handlung der Vergangenheit schon in der Vergangenheit abgeschlossen war:

   Er *hatte gelacht.*
   Er *war erschrocken.*

2. daß sich ein vergangener Zustand aus einer vorausgegangenen Handlung ergeben hatte:

   Er *war erschrocken.*
   Wir *hatten* das Spiel (damals) *gewonnen* (und waren dann Sieger).

**Das Futur I**

Das Futur I bezeichnet die Zeitstufe der Zukunft.

Ich *werde lesen.*

Im Futur I stehen:

1. Aussagen
   a) Voraussagen

      Sogleich nach der Trübsal jener Tage *wird* die Sonne *verfinstert werden*, der Mond *wird* seinen Schein nicht mehr *geben*, die Sterne *werden* vom Himmel *fallen*, und die Kräfte des Himmels *werden erschüttert werden.*

   b) Ankündigungen

      Ich *werde* seine Schuld *nachweisen.*

   c) Vermutungen[1]

      Er *wird* krank *sein.* (= Er ist wohl krank.)

2. Drohungen

   Dir *werde* ich *helfen*!

3. Forderungen

   Du *wirst* den Apfel *schießen* von dem Kopf
   des Knaben – Ich begehr's und will's.

---

1) Zukünftiges und Vermutetes sind ungewiß. Daher können Vermutungen im Futur stehen. Vermutungen im Futur I beziehen sich in der Regel auf Gegenwärtiges.

Ersatz des Futurs I durch das Präsens
Wenn aus dem Zusammenhang hervorgeht, daß die Zukunft gemeint ist (z. B. wenn adverbiale Bestimmungen wie »morgen«, »nächste Woche« die Zukünftigkeit ausdrücken), kann statt des Futurs I das Präsens stehen.
Im Präsens stehen dann

| | |
|---|---|
| Voraussagen: | Um neun Uhr *kommt* der Zug in Köln *an*. |
| Ankündigungen: | Gleich *fangen* wir *an*. |
| Forderungen: | Nächstens *kommst* du pünktlich! |

**Das Futur II**

Das Futur II bezeichnet die Zeitstufe der Zukunft; es drückt zugleich aus, daß die zukünftige Handlung schon abgeschlossen ist.[1]

Ich *werde* meine Arbeit bald *gemacht haben*.

Im Futur II kann auch eine Vermutung stehen.[2]

Er *wird* krank *gewesen sein*. (= Er war wohl krank.)

Ersatz des Futurs II durch Perfekt oder Präsens
Wenn aus dem Zusammenhang hervorgeht, daß die Zeitstufe der Zukunft und das Zeitverhältnis der Vorzeitigkeit gemeint sind, kann im Nebensatz statt des Futurs II das Perfekt oder das Präsens stehen. In diesen Fällen steht im übergeordneten Satz das Futur I oder das Präsens.

**1.** Perfekt statt des Futurs II

Wenn ich *gegessen haben werde*, *werde* ich an die Arbeit *gehen*.
Wenn ich *gegessen habe*, *werde* ich an die Arbeit *gehen*.
Wenn ich *gegessen habe*, *gehe* ich an die Arbeit.

**2.** Präsens statt des Futurs II

Wie du *gesät haben wirst*, so *wirst* du *ernten*.
Wie du *säst*, so *wirst* du *ernten*.

1) Das Futur II wird auch futurum exactum (»vollendete Zukunft«) genannt.
Das Futur II steht zum Futur I im Zeitverhältnis der Vor-zeitigkeit.

2) Vermutungen im Futur II beziehen sich auf Vergangenes (vgl. Futur I).

# Die Tempora im Konjunktiv[1] und im Imperativ

**Der Konjunktiv I**

Der Konjunktiv I bezeichnet im unabhängigen Begehrssatz die Zeitstufe der Gegenwart und der Zukunft.

Er *lebe* hoch!
Zu uns *komme* Dein Reich!
Das *sei vorausgesetzt*!
Aber *rühmen* wir nicht nur den Weisen,
Dessen Name auf dem Buche prangt!
Denn man muß dem Weisen seine Weisheit erst entreißen.
Darum *sei* der Zöllner auch *bedankt*:
Er hat sie ihm abverlangt.

**Der Konjunktiv II**

**1.** Der Konjunktiv Imperfekt bezeichnet die Zeitstufe der Gegenwart und der Zukunft.
Wenn ich ein Vöglein *wär'*, *flög'* ich zu dir.
*Kämest* du doch!

**2.** Der Konjunktiv Plusquamperfekt bezeichnet die Zeitstufe der Vergangenheit.
Wenn ich ein Vöglein *gewesen wäre, wäre* ich zu dir *geflogen*.
*Wärest* du doch *gekommen*!

**3.** Der Konjunktiv II des Futurs bezeichnet die Zeitstufe der Zukunft.
Ich *würde* dich (morgen) gerne *besuchen*.

**Der Imperativ**

Der Imperativ bezeichnet die Zeitstufe der Gegenwart und der Zukunft.
*Achte* auf den Verkehr!
*Komme* morgen zu mir!

---

1) Im folgenden ist nur die Zeitstufen-bedeutung der Tempora im Konjunktiv dargelegt. Ihr Zeit-verhältnis ist Thema des Kapitels »Zeitverhältnis« (s. S. 127f.).

# Die Modi

Die Modi sind die Aussageweisen des Verbs.

Es gibt drei Modi:
Indikativ
Konjunktiv
Imperativ.

Durch die Modi bezeichnet der Sprechende aus seiner Sicht Handlungen und Erleidnisse, Vorgänge und Zustände

**1.** als wirklich (Indikativ)
Vater *liest.*
Ich *sah* gebratene Tauben fliegen.

**2.** als nicht-wirklich (Konjunktiv)
Wenn ich ein Vöglein *wär', flög'* ich zu dir.

**3.** als begehrt (Konjunktiv)
Er *lebe* hoch!
*Käme* er doch!

**4.** als befohlen (Imperativ)
*Komm(-e)!*
*Komm(-e-)t!*

Der Sprechende kann die Grundbedeutung des Indikativs und des Konjunktivs durch Modalverben (»können, dürfen, mögen«) oder adverbiale Bestimmungen (»vielleicht, wohl, gewiß, ohne Zweifel, notwendigerweise« u. a. m.) abwandeln.

## Der Indikativ

Der Indikativ bezeichnet Handlungen und Erleidnisse, Vorgänge und Zustände als wirklich.
Ob die Aussage der Wirklichkeit entspricht, bleibt offen.
Die Kerze *brennt.*
Ich *sah* gebratene Tauben fliegen.

## Der Konjunktiv

Es gibt zwei Arten des Konjunktivs:
den Konjunktiv I und den Konjunktiv II.

Zum Konjunktiv I gehören der Konjunktiv Präsens
der Konjunktiv Perfekt
der Konjunktiv I des Futurs.[1]

Zum Konjunktiv II gehören der Konjunktiv Imperfekt
der Konjunktiv Plusquamperfekt
der Konjunktiv II des Futurs.[1]

### Der Konjunktiv I

Der Konjunktiv I bezeichnet

**1.** ein Begehren
Er *lebe* hoch!
Sie wünschten, daß er *komme.*

**2.** die innere Abhängigkeit
Karl dankte Fritz, weil er ihm *geholfen habe.*

### Der Konjunktiv II

Der Konjunktiv II bezeichnet

**1.** ein Begehren
*Käme* er doch!
Ich wollt', ich *wär'* ein Huhn.

---

1a) Beim Konjunktiv des Futurs muß man unterscheiden:
Konj. I des Fut. I : er werde laufen
Konj. II des Fut. I : er würde laufen
Konj. I des Fut. II: er werde gelaufen sein
Konj. II des Fut. II: er würde gelaufen sein

b) Man muß also unterscheiden:
1. a) ich liefe : Konj. Impf.
b) ich würde laufen: Konj. II des Fut. I
2. a) ich wäre gelaufen : Konj. Plqpf.
b) ich würde gelaufen sein: Konj. II des Fut. II
3. a) ich würde verraten : 1. Konj. Impf. Pass.
oder 2. Konj. II des Fut. I Akt.
b) ich würde verraten werden: Konj. II des Fut. I Pass.
4. a) ich wäre traurig : Konj. Impf. (von »sein«)
b) ich würde traurig sein: Konj. II des Fut. I
5. a) ich würde traurig : Konj. Impf. (von »werden«)
b) ich würde traurig werden: Konj. II des Fut. I

**2.** die Nicht-Wirklichkeit (Ir-realität)
Die Irrealität bezeichnen

**a)** Konj. Impf.: Irrealis der Gegenwart
*Ich käme.* Ich *sähe.*
Wenn ich ein Vöglein *wär', flög'* ich zu dir.

**b)** Konj. Plqpf.: Irrealis der Vergangenheit
Ich *wäre gekommen.*
Ich *hätte gesehen.*
Wenn ich ein Vöglein *gewesen wär', wäre* ich zu dir *geflogen.*

**3.** die innere Abhängigkeit, als Ersatz des Konjunktivs I
Karl dankte seinen Freunden, weil sie ihm *geholfen hätten.*

## Der Imperativ

Der Imperativ bezeichnet einen Befehl.[1]
*Achte* auf den Verkehr!
*Achtet* auf den Verkehr!

---

1) Ein Imperativ kann kondizionalen oder konzessiven Nebensinn haben.
*Sage* mir, was du liest, und ich sage dir, wer du bist.
*Kleide* dich in Samt, du bleibst doch, der du bist.

# Der Satz

Der Satz besteht in der Regel aus mindestens zwei Satz-teilen: aus Subjekt und Prädikat.[1] Subjekt und Prädikat stimmen im Numerus überein.
Ein Satz, der nur aus Subjekt und Prädikat besteht, ist ein einfacher Satz (z. B.: Vater liest.).
Der einfache Satz kann durch andere Satzteile erweitert werden und ist dann ein erweiterter Satz.

**Die Satzteile**

Subjekt
*Vater* liest.

Prädikat
Vater *liest.*

Prädikatsnomen
Vater ist *müde.*

Objekt
Vater liest einen *Roman.*

adverbiale Bestimmung
Vater liest *heute* einen Roman.

Attribut
Vater liest einen *unterhaltsamen* Roman.

Prädikativum
Vater sitzt *müde* im Lehnstuhl.

attributive Bestimmung
Vater liest einen *sehr* unterhaltsamen Roman.

Konjunktion
Vater liest einen spannenden *und* unterhaltsamen Roman.

---

1) Die Ein-Wort-Sätze bleiben hier unberücksichtigt:
1. »Hilfe!« 2. »Hilf!«
Bei Satz 1 könnte man eine Ellipse des Prädikates annehmen:
»Hilfe (sc. bringet)!«
Bei Satz 2 könnte man eine Ellipse des Subjektes annehmen:
»Hilf (sc. du)!«

# Das Subjekt

Das Subjekt[1] ist der Satzteil, über den (im Prädikat) etwas ausgesagt wird.
Das Subjekt steht im Nominativ und wird vom Prädikat aus erfragt mit der Frage »Wer oder was ...?«.

*Vater* liest. *Eisen* rostet.

# Das Prädikat

Das Prädikat ist der Satzteil, der etwas über das Subjekt aussagt.
Es gibt

verbale Prädikate: Vater *liest.*
und nominale Prädikate: Vater *ist müde.*

**1.** Das verbale Prädikat

Das verbale Prädikat besteht
aus der finiten Form eines Voll -verbs: Er *liest.*
oder aus der finiten Form eines Modal-verbs: Er *kann* lesen.

Die finite Verbform ist
nicht zusammengesetzt: Vater *liest.*
Vater *kann* lesen.
oder zusammengesetzt: Vater *hat gelesen.*
Vater *hat* lesen *können.*[2]

**2.** Das nominale Prädikat

Das nominale Prädikat besteht
aus der finiten Form eines Hilfs-verbs, des Prädikats-Verbs,
und aus dem Prädikats-Nomen.

| | | |
|---|---|---|
| Vater | *ist* | *Arzt.* |
| Vater | *ist* | *müde.* |
| | ↑ | ↑ |
| | Prädikats-Verb | Prädikats-Nomen |

nominales Prädikat

1) Das Wort »Subjekt« hat zwei Bedeutungen:
a) es bezeichnet denjenigen Satzteil, über den das Prädikat etwas aussagt;
b) es bezeichnet den Träger einer Handlung.

2) Vgl. S. 49, Anm. 2b.

Das **Prädikatsverb** ist eines der Hilfsverben »sein, werden, bleiben«.[1]

Vater *wird* Arzt.
Vater *ist* Arzt.
Vater *bleibt* Arzt.

Das Prädikatsverb ist
nicht zusammengesetzt:

| | | |
|---|---|---|
| Vater | ist | Arzt. |
| Vater | war | Arzt. |
| | ↑ finite Verbform | |

oder zusammengesetzt:

| | | | |
|---|---|---|---|
| Vater | wird | Arzt | sein. |
| Vater | ist | Arzt | gewesen. |
| Vater | war | Arzt | gewesen. |
| Vater | wird | Arzt | gewesen sein. |
| | ↑ konjugierter Teil | | ↑ nicht-konjugierter Teil |

konjugierter Teil → finite Verbform ← nicht-konjugierter Teil

Das **Prädikatsnomen** ist ein Nomen
und bezieht sich auf ein Nomen, sein Beziehungs-wort.

| | | |
|---|---|---|
| Vater | ist | Arzt. |
| ↑ Beziehungs-wort | | ↑ Prädikats-nomen |

Das Prädikatsnomen ist ein Substantiv: Vater ist *Arzt.*
oder ein Adjektiv : Vater ist *müde.*

Das substantivische Prädikatsnomen richtet sich im Kasus, das adjektivische Prädikatsnomen in Kasus, Numerus und Genus nach seinem Beziehungswort.

Das Prädikatsnomen steht beim Prädikatsverb[2] und ist ein notwendiger Satzteil: ohne Prädikatsnomen ist der Satz weder grammatisch vollständig
noch inhaltlich sinnvoll.

---

1) Das Hilfsverb »sein« kann bisweilen ausgelassen werden.
Ende gut, alles gut.

2) Das Prädikatsnomen kann auch bei einem Infinitiv stehen:
Er scheint *ein Lügner* zu sein.
Er scheint *reich* zu sein.
Laß dieses Büchlein deinen *Freund* sein!

**Das Prädikatsnomen bei Vollverben**[1]

Ein Prädikatsnomen kann auch bei einigen Vollverben stehen; Vollverb und Prädikatsnomen sind jedoch kein nominales Prädikat. Das Objekt des Vollverbs ist Beziehungswort des Prädikatsnomens.[2]

| | | |
|---|---|---|
| Ich mache | dich | *froh.* |
| | ↑ | ↑ |
| | Beziehungs-<br>wort | Prädikats-<br>nomen |

Das Prädikatsnomen bei einem Vollverb ist
ein Substantiv: Ich nenne dich *einen Freund.*
oder ein Adjektiv : Ich mache dich *froh.*

Das Prädikatsnomen kann stehen:

**1.** ohne »als«
Ich nenne dich *einen Freund.*
Ihr macht uns *glücklich.*

**2.** mit »als«
Er maskierte sich *als Narren.*
Er bewies sich *als klug.*

**3.** mit einer Präposition
Wenn das Prädikatsnomen mit einer Präposition steht, ist sein Kasus durch die Präposition bestimmt.
Ich mache dich *zum Direktor.*
Ich halte dich *für verrückt.*

Ein Prädikatsnomen steht häufig bei folgenden Verben:
haben, halten und erkennen,
machen, wählen und (er-)nennen,
auch sich zeigen und erklären,
sich erweisen, sich bewähren.

---

1) Auch dieses Prädikatsnomen kann bei einem Infinitiv stehen:
Sie wollte ihn *glücklich* machen.
Er wollte sie *zu* seinem *Weibe* machen.

2) Beziehungswort und Prädikatsnomen lassen sich zu einem Satz mit nominalem Prädikat umformen:
Ich mache *dich froh.*
Ich mache, daß *du froh* wirst/bist.

# Das Objekt

Das Objekt ist die Ergänzung des Verbs.[1]
Es gibt:

**1. das Akkusativ-objekt**

Das Akkusativobjekt ist ein direktes Objekt:
es wird von der im Verb genannten Handlung un-mittelbar getroffen:
Ich lese *einen Brief*
oder es wird durch die im Verb genannte Handlung erst hervorgebracht:
Ich schreibe *einen Brief.*
Das Akkusativobjekt wird vom Verb aus erfragt mit der Frage
»Wen oder was ...?«.

**2. das Dativ-objekt**

Das Dativobjekt ist ein in-direktes Objekt,
d.h. es wird von der im Verb genannten Handlung nicht un-mittelbar getroffen;
es ist das entferntere Objekt.
Ich schreibe *dem Freund* einen Brief.
Ich helfe *dem Freund.*
Das Dativobjekt wird vom Verb aus erfragt mit der Frage
»Wem ...?«.

**3. das Genetiv-objekt**

Das Genetivobjekt ist ein direktes Objekt,
d.h. es wird von der im Verb genannten Handlung un-mittelbar getroffen; es hat jedoch ein weniger enges Verhältnis zu dieser Handlung als das Akkusativobjekt.
Ich beraube ihn seiner *Stütze.*
Ich enthalte mich *der Stimme.*
Das Genetivobjekt wird vom Verb aus erfragt mit der Frage
»Wessen ...?«.[2]

---

1) Im folgenden sind nur die vier Arten des nominalen Objekts dargelegt. Außer ihnen gibt es noch das Infinitiv-objekt und das Satz-objekt (vgl. S. 97f.).
Er kann *lesen.*
Ich weiß, *daß er lügt.*

2) Mit »Wessen ...?« kann man fragen:
a) nach dem Genetiv-objekt
Dann steht hinter dem Fragewort »wessen?« das Prädikat, und das Fragewort ist selbst Genetivobjekt.
Ich enthalte mich der Stimme.
*Wessen* enthalte ich mich?

b) nach dem Genetiv-attribut
Dann steht hinter dem Fragewort »wessen?« das Beziehungswort des Genetivattributes, und das Fragewort ist selbst Genetivattribut.
Gottes Mühlen mahlen langsam.
*Wessen* Mühlen mahlen langsam?

**4. das präpositionale Objekt**

Das präpositionale Objekt ist ein Objekt in Form einer präpositionalen Wendung.[1]
Das präpositionale Objekt ist in seiner Bedeutung
entweder einem Akkusativobjekt
oder einem Genetivobjekt
oder einem Dativobjekt ähnlich.

Er sucht *nach dem Dieb.*
(Er sucht *den Dieb.* Akkusativobjekt)

Er denkt *an dich.*
(Er denkt *dein.* Genetivobjekt)

Er schreibt einen Brief *an dich.*
(Er schreibt *dir* einen Brief. Dativobjekt)

---

1a) Das präpositionale Objekt hat sich entweder aus einer adverbialen Bestimmung entwickelt:
Er sucht *nach dem Buch.*
(Die ursprüngliche adverbiale Bestimmung der Richtung ist zum präpositionalen Objekt geworden.)
oder es ist entsprechend dem präpositionalen Attribut eines Verbalsubstantivs gebildet:
die Suche *nach dem Mörder*
suchen *nach dem Mörder*

Das präpositionale Attribut eines Verbalsubstantivs steht an Stelle eines Genetivattributes.
Der Genetiv war ein genetivus obiectivus.
Er wird durch ein präpositionales Attribut ersetzt, damit er nicht mit dem genetivus subiectivus verwechselt werde (vgl. S. 100, Anm. 1).

die Suche *des Mörders*
die Suche *nach dem Mörder*
suchen *nach dem Mörder*
(Akkusativobjekt: *den Mörder* suchen)

die Furcht *des Feindes*
die Furcht *vor dem Feinde*
sich fürchten *vor dem Feinde*
(Akkusativobjekt: *den Feind* fürchten)

b) Nicht immer läßt sich entscheiden, ob eine präpositionale Wendung als Satzteil adverbiale Bestimmung oder präpositionales Objekt ist:
Der Dichter greift *zur Feder.*
Der König herrscht *über das Land.*

# Die adverbiale Bestimmung

Dic ad-verbiale Bestimmung ist die nähere Bestimmung des Verbs.
Es gibt vier Arten der adverbialen Bestimmung:

**1.** die adverbiale Bestimmung des Raumes
Ich wohne *in der Stadt.*

**2.** die adverbiale Bestimmung der Zeit
Ich komme *morgen.*

**3.** die adverbiale Bestimmung der Art und Weise
Er läuft *schnell.*

**4.** die adverbiale Bestimmung des Grundes
Er fehlt *wegen Grippe.*

## 1. Die adverbiale Bestimmung des Raumes

Die adverbiale Bestimmung des Raumes umfaßt:

**a)** die adverbiale Bestimmung des Ortes
(Ruhe-punkt; Frage: wo?)
Ich wohne *in der Stadt.*
Ich wohne *dort.*

**b)** die adverbiale Bestimmung der Herkunft und der Trennung
(Ausgangs-punkt; wo-her? von wo?)
Ich komme *aus der Stadt.*
Ich komme *von dort.*

Sie trennten ihn *von* seiner *Geliebten.*
(von wem?)
Der Schneider trennte den Saum *vom Kleide* ab.
(wo-von?)
Der Freund rettete mich *aus der Gefahr.*
(wor-aus?)

Aus der adverbialen Bestimmung der Herkunft hat sich die adverbiale Bestimmung des Urhebers entwickelt.
Die adverbiale Bestimmung des Urhebers bezeichnet den Urheber (die handelnde oder tätige Person oder Sache) beim Passiv.
(Die Hühner bekommen von der Bäuerin Futter.)
(wo-her? → von wem?)
Die Hühner werden *von der Bäuerin* gefüttert.
(von wem?)
Die Eiche wurde *vom Blitz* getroffen.
(wo-von?)

**c)** die adverbiale Bestimmung des Zieles und der Richtung[1]
(Ziel-punkt; wo-hin?)
Ich gehe *in die Stadt.*
Ich gehe *dorthin.*

**d)** die adverbiale Bestimmung der Erstreckung[1] und der Ausdehnung
(wie weit?[2])
Er ist *tausend Meter* gelaufen.

### 2. Die adverbiale Bestimmung der Zeit

Die adverbiale Bestimmung der Zeit nennt

**a)** den Zeit-punkt (wann?)
*Gestern* war ich im Theater.

**b)** den Anfangs-punkt (seit wann? ab wann?)
Goethe arbeitete am »Faust« *seit 1772.*
*Ab morgen* werde ich das Werk studieren.

**c)** den End-punkt (bis wann?)
Goethe arbeitete am »Faust« *bis 1831.*

**d)** die Zeit-dauer (wie lange?[3])
Ich habe *einen Tag* auf dich gewartet.

**e)** die Häufigkeit (wie oft?)
Ich habe *oft / selten / nie* auf dich gewartet.
Du mußt es *dreimal* sagen.

---

1) Die adverbiale Bestimmung der Richtung und die adverbiale Bestimmung der Erstreckung fallen bisweilen zusammen. In einem solchen Falle kann die adverbiale Bestimmung weder mit »wohin?« noch mit »wie weit?« erfragt werden.
Ein Reh lief *durch den Wald.* (wo-hin-durch?)

2) Abwandlungen der Frage »wie weit?« sind die Fragen »wie lang?, wie breit?, wie hoch?, wie tief?, in welchem Umfange?«.

3) Unterschied zwischen »wie lang?« und »wie lange?«
Wie lang ist die Straße? Wie lange arbeitet Paul?
a) »wie lang?« fragt nach der Ausdehnung im Raum,
»wie lange?« fragt nach der Ausdehnung in der Zeit.

b) »wie lang?« ist ein Prädikatsnomen (+ attr. Best.)
und steht bei einem Hilfsverb;
»wie lange?« ist eine adverbiale Bestimmung (+ attr. Best.)
und steht bei einem Vollverb.

### 3. Die adverbiale Bestimmung der Art und Weise

Die adverbiale Bestimmung der Art und Weise umfaßt

**a)** die adverbiale Bestimmung der Weise
(wie? auf welche Weise?)

Das Auto fährt *schnell.*
Das Auto fährt *mit* hoher *Geschwindigkeit.*
Der Zwerg weckte den Riesen *gewaltsam.*
Der Zwerg weckte den Riesen *mit Gewalt.*
Ich arbeite *gern.*
Ich arbeite *mit Vergnügen.*
Du hast *besser* gespielt als ich.[1]
*Wie* kann ich dir helfen?
*So* lebten die Römer.

**b)** die adverbiale Bestimmung des Vergleichs

Er schläft (so) *wie ein Murmeltier.*
Ich lese lieber ein Gedicht *als einen Roman.*[2]

**c)** die adverbiale Bestimmung des Mittels
(wo-mit? wo-durch? wo-von?)

Er fährt *mit dem Rad* zur Schule.
*Durch* sein *Lächeln* verriet er sich.
*Für* zehn *Mark* kaufte ich mir ein Buch.[3]
*Von Luft* allein kann niemand leben.

---

1) Adverbien wie »besser, lieber, leicht, vielleicht, offenbar, scheinbar, anscheinend, schwerlich, gewiß(-lich), sicher(-lich), bekanntlich, augenscheinlich, wahrscheinlich, unzweifelhaft, anerkanntermaßen, möglicherweise, notwendigerweise, glücklicherweise, törichterweise« u. a. m.
bestimmen oft nicht als adverbiale Bestimmung der Weise das Prädikat des Satzes, sondern machen eine Aussage über den Satz als ganzen und lassen sich als selbständige Aussage formulieren. Von ihr ist dann der ursprüngliche Satz abhängig.
Du kommst *besser* erst morgen. – Es ist besser, wenn du erst morgen kommst.
*Möglicherweise* kommt er erst morgen. – Es ist möglich, daß er erst morgen kommt.
Doppeldeutig ist der Satz:
Du hättest *besser* gespielt als ich.

2) Man muß unterscheiden zwischen dem Vergleich als ganzem und den Satzteilen innerhalb des Vergleichs.
Der Vergleich im ganzen ist als Satzteil adverbiale Bestimmung.
Die Satzteile innerhalb des Vergleichs können verschiedener Art sein (vgl. S. 30, 121).
Franziskus war lieber arm *als reich.*
Du wärest besser arm und glücklich daheim *als reich und unglücklich in der Fremde.*
Goethe ist als Dichter bekannter *denn als Jurist.*

3) »für« ist ursprünglich räumlich und bezeichnete die Stellvertretung: »für« = »an Stelle von«.
An die Stelle des Geldes tritt die Ware;
an die Stelle der Ware tritt das Geld.

**d)** die adverbiale Bestimmung der Begleitung und des Begleitumstandes
(mit wem? wo-mit? wie?)
Ich ging *mit den Kindern* in den Zoo.
Ich gehe *mit dem Fahrrad* in die Werkstatt.
Ich liege *mit Fieber* im Bett.

**e)** die adverbiale Bestimmung der Folge
(mit welcher Folge?)
*Zu* meiner *Freude* besuchten mich viele Freunde.

**f)** die adverbiale Bestimmung der Hinsicht und der Beziehung[1]
(wo-durch? wor-an? wor-in? in welcher Hinsicht/Beziehung?)
Max und Moritz unterscheiden sich *durch* ihre *Haarfarbe* von einander.
Du bist mir *an Erfahrung* überlegen.
Du bist mir *in vielem* überlegen.
Er nahm zu *an Alter, Weisheit* und *Stärke.*

### 4. Die adverbiale Bestimmung des Grundes

Die adverbiale Bestimmung des Grundes umfaßt

**a)** die adverbiale Bestimmung des Grundes
Die adverbiale Bestimmung des Grundes bezeichnet den Grund.
(wes-wegen? warum?)
*Wegen des Regens* blieb ich zu Hause.

**b)** die adverbiale Bestimmung des Zweckes
Die adverbiale Bestimmung des Zweckes bezeichnet den Zweck und die Absicht.
(zu welchem Zweck? wozu? in welcher Absicht? weshalb?)
Der Stuhl dient *zum Sitzen.*
*Zur Unterhaltung* lese ich ein Buch.

**c)** die adverbiale Bestimmung der Bedingung
Die adverbiale Bestimmung der Bedingung bezeichnet die Bedingung.
(unter welcher Bedingung/Voraussetzung?)
*Bei Regen* bliebe ich zu Hause.

**d)** die adverbiale Bestimmung der Einräumung
Die adverbiale Bestimmung der Einräumung bezeichnet die Einräumung.
(trotz welchem Umstand?)
*Trotz* meiner *Müdigkeit* ging ich noch nicht schlafen.

---

1) Die adverbiale Bestimmung der Hinsicht und der Beziehung hat sich aus den adverbialen Bestimmungen des Raumes und des Mittels entwickelt.

# Das Attribut

Das Attribut ist eine nähere Bestimmung eines Nomens.[1]
Dieses Nomen ist das Beziehungswort des Attributes.
Das Attribut beschreibt das im Beziehungswort Genannte,
erläutert das im Beziehungswort Genannte
oder unterscheidet es von anderem.
Attribute werden vom Beziehungswort aus erfragt mit den Fragen[2]:
»Wie beschaffen ist ...?« »Welche Eigenschaft hat ...?«
»Was für ein(-e) ...?«
»Welcher ...?« »Welche ...?« »Welches ...?«
»Wessen ...?«

Die *unsterblichen* Götter gewährten Odysseus die Heimkehr.
*Neue* Besen kehren gut.
*Des Vogels* Fittich werd' ich nie beneiden.
*Seinen* Fittich werd' ich nie beneiden.
Der Spatz *in der Hand* ist mir lieber als die Taube *auf dem Dach*.[3]

---

1) Nomina können durch Nebensätze vertreten werden. Nebensätze, die ein Nomen vertreten, können wie ein Nomen durch Attribute näher bestimmt werden.
*Alles*, was du sagst, ist wahr.
(= *Alle deine* Worte sind wahr.)

2) Wenn ein Numerale Attribut ist, wird das Attribut
erfragt mit der Frage »Wie viele ...?«
oder mit der Frage »Der wievielte ...?«
Am Waldesrand standen *drei* Tannen.
Auf der *dritten* Tanne saß ein Eichelhäher.

3) Präpositionale Attribute sind aus adverbialen Bestimmungen entstanden.
Der Spatz (, den ich) in der Hand (habe,) ist mir lieber als die Taube (, die) auf dem Dach (sitzt).

# Das Prädikativum

Das Prädikativum[1] macht eine zusätzliche Aussage neben der Aussage des Prädikates.
Das Prädikativum ist ein Nomen[2]
und bezieht sich auf ein Nomen, sein Beziehungs-wort.
Das Prädikativum macht über sein Beziehungswort eine zusätzliche Aussage neben der Aussage des Prädikates: das Prädikativum sagt über sein Beziehungswort aus, daß das im Beziehungswort Genannte das im Prädikativum Gesagte ist.

Opa sitzt *müde* im Lehnstuhl.
= 1. Opa sitzt im Lehnstuhl. (Aussage des Prädikates)
2. Opa ist *müde*. (Zusatz-Aussage des Prädikativums)

In einem Satz mit Prädikativum werden also **zwei** Aussagen gemacht:
1. die Aussage des Prädikates
2. die Zusatz-Aussage des Prädikativums.

Das Prädikativum läßt sich
als das verkürzte Prädikat eines Satzes auffassen und
zu einem selbständigen Satz ausformen.[3]
In diesem Satz wird
das Beziehungs-wort des Prädikativums zum Subjekt,
das Prädikativum zum Prädikats-nomen
oder zum Prädikat (verbum finitum).

Opa sitzt *müde* im Lehnstuhl.
Opa sitzt – er ist *müde* – im Lehnstuhl.
Opa sitzt im Lehnstuhl, (und) Opa ist *müde*.

Opa sitzt *schlafend* im Lehnstuhl.
Opa sitzt – er ist *schlafend* – im Lehnstuhl.
Opa sitzt – er *schläft* – im Lehnstuhl.
Opa sitzt im Lehnstuhl, (und) Opa *schläft*.

---

1) praedicativum = etwas, das in seiner Bedeutung dem Prädikat ähnlich ist.
Das Prädikativum wird oft mit der adverbialen Bestimmung verwechselt.
Das Prädikativum bezieht sich nicht auf das Prädikat:
weder bestimmt es das Prädikat näher (wie die adv. Best.),
noch ergänzt es das Prädikat (wie das Objekt).
Es gilt folgendes Verhältnis:
Prädikativum: Beziehungswort = Prädikat (-snomen) : Subjekt

2) Relativsätze und Nomina können für einander stehen; daher kann auch ein Relativsatz, jedoch nur ein nicht-notwendiger, Prädikativum sein (vgl. S. 41f.).
In (den) Satzfragen, *welche mit »Ja« oder »Nein« beantwortet werden*, steht das Prädikat an erster Stelle.
Gerade in Kleinigkeiten, *bei welchen er sich nicht zusammennimmt*, zeigt der Mensch seinen Charakter.

3) Ein Relativsatz als Prädikativum läßt sich zwar nicht zu einem Satz ausformen, wohl aber zu einem selbständigen Satz umformen.
In (den) Satzfragen – *sie werden mit »Ja« oder »Nein« beantwortet* – steht das Prädikat an erster Stelle.

Wir gaben die Geräte *unversehrt* – zurück.
Wir gaben die Geräte – sie waren *unversehrt* – zurück.
Wir gaben die Geräte zurück, (und) die Geräte waren *unversehrt*.

Es gibt drei Arten des Prädikativums:

**1.** das rein nominale Prädikativum

Das rein nominale Prädikativum ist

**a)** ein Adjektiv

Opa sitzt *müde* im Lehnstuhl.

Das adjektivische Prädikativum
steht ohne »als«
und ist endungs-los.

**b)** ein Substantiv

Opa lebt *als Rentner* in Berlin.
Die Werke Goethe-s *als ein-es Frankfurter-s* enthalten Verse in hessischer Mundart.

Das substantivische Prädikativum
steht mit »als«
und hat eine Endung.

In einem selbständigen Satz wird das rein nominale Prädikativum zu einem Prädikats-nomen; das Hilfsverb »sein« muß ergänzt werden.

Opa sitzt *müde* im Lehnstuhl.
Opa sitzt im Lehnstuhl, er ist *müde*.

Opa lebt *als Rentner* in Berlin.
Opa lebt in Berlin, er ist *Rentner*.

**2.** das verbal-nominale Prädikativum

Das verbal-nominale Prädikativum ist ein Partizip.

Opa sitzt *schlafend* im Lehnstuhl.

Das verbal-nominale Prädikativum
steht ohne »als«
und ist endungs-los
(wie das adjektivische; siehe 1 a).

In einem selbständigen Satz wird das verbal-nominale Prädikativum zu einem Prädikat (verbum finitum).

Opa sitzt *schlafend* im Lehnstuhl.
Opa sitzt im Lehnstuhl, er *schläft*.

Der Redner sprach *stehend*.[1]
Der Redner sprach, und er *stand* dabei.

---

1) Vgl. hiermit den Satz:
Der Redner sprach *fließend*.
»Fließend« ist hier als Wortart Adverb (entstanden aus dem Partizip) und als Satzteil adverbiale Bestimmung der Art und Weise; daher ist eine Umformung in einen selbständigen Satz nicht möglich (vgl. S. 57).

**3.** das Prädikativum in Form eines nicht-notwendigen Relativsatzes
Das Prädikativum in Form eines nicht-notwendigen Relativsatzes kann mit »als« und ohne »als« stehen.[1]

Gerade in Kleinigkeiten, (*als*) *bei welchen er sich nicht zusammennimmt,* zeigt der Mensch seinen Charakter.

## Die attributive Bestimmung

Die attributive Bestimmung[2] ist bemessend, einschränkend oder hervorhebend.

Sie kann näher bestimmen:

**1.** Nomina

| | |
|---|---|
| Substantive: | Er trinkt *nur* Wein. |
| Adjektive : | Er trinkt *sehr* guten Wein. |
| | *Wie* spät ist es? |
| | *So* spät ist es! |
| Pronomina: | *Nur* er trinkt Wein. |
| Numeralia : | Er trank *nur* zwei Glas Wein. |
| **2.** Adverbien : | Er trank *erstaunlich* schnell. |
| | *Wie* schnell ist Fritz gelaufen? |
| | *So* tief kann niemand tauchen. |
| **3.** präpositionale Wendungen : | Gestern habe ich *nur* im Garten gearbeitet. |
| **4.** Nebensätze : | *Nur* wer die Sehnsucht kennt, weiß, was ich leide! |

1) Unterscheide:
a) Relativsatz als Attribut
Wir gaben die(-jenigen) Geräte, *die unversehrt waren*, zurück.
(d.h.: nur die unversehrten Geräte, die anderen aber nicht.
»Die(-jenigen)« ist Determinativpronomen; der Relativsatz ist als Satzteil Attribut.)

b) Relativsatz als Prädikativum
Wir gaben die Geräte – *welche unversehrt waren* – zurück.
(d.h.: alle Geräte als unversehrte.
»Die« ist best. Artikel; der Relativsatz ist als Satzteil Prädikativum.)

2) Die attributive Bestimmung ist in ihrer Bedeutung dem Attribut ähnlich (beide sind nähere Bestimmungen), aber in ihrer Form von ihm verschieden (sie ist unflektiert).

# Die Konjunktion[1]

Es gibt zwei Arten der Konjunktion:

**1. koordinierende Konjunktionen**[2]

Ko-ordinierende Konjunktionen sind bei-ordnend und verbinden gleichartige Satzteile oder gleichartige Sätze. Koordinierende Konjunktionen sind z. B. »und, oder, aber, denn«.

*Aber* sie schärfer *und* schärfer zu prüfen,
Wählet der Kenner der Höhen *und* Tiefen
Lust *und* Entsetzen *und* grimmige Pein.

*Und* er küßt die bunten Wangen,
*Und* sie fühlt der Liebe Qual,
*Und* das Mädchen steht gefangen,
*Und* sie weint zum ersten Mal.

**2. subordinierende Konjunktionen**

Sub-ordinierende Konjunktionen sind unter-ordnend und verbinden einen untergeordneten Satz mit einem übergeordneten Satz. Subordinierende Konjunktionen sind z. B. »als, daß, wenn, weil«.

*Als* er nun hinausgegangen,
Wo die letzten Häuser sind,
Sieht er mit gemalten Wangen
Ein verlornes, schönes Kind.

*Wenn* weise Männer nicht irrten,
müßten die Narren verzweifeln.

---

1) Das Wort »Konjunktion« (eigentlich: Verbindung) bezeichnet Wortart und Satzteil zugleich. Die Konjunktionen sind verbindend und weisen auf die sachliche und gedankliche Beziehung hin, in der die verbundenen Teile zu einander stehen.

2) Manche koordinierende Konjunktionen werden leicht mit Adverbien verwechselt, wenn die Adverbien wie die Konjunktionen auf eine sachliche oder gedankliche Beziehung der Aussagen hinweisen. Die Konjunktionen und die Adverbien lassen sich vor allem durch folgende Merkmale von einander unterscheiden:

a) Adverbien lassen sich mit einer Wortfrage erfragen (denn sie sind als Satzteil adverbiale Bestimmung), Konjunktionen jedoch nicht.

b) Adverbiale Bestimmungen werden bei der Zählung der Satzteile berücksichtigt, Konjunktionen jedoch nicht (vgl. S. 108).

Er arbeitet nicht; *denn* (Kj.) er ist krank.
Er ist krank; *darum* (Adv.) arbeitet er nicht.

# Die Formen der Satzteile

## 1. Die Formen des Subjekts

Subjekt können sein:

Substantive
*Vater* schläft.

substantivierte Wörter
*Das Morgen* kümmert ihn nicht.

substantivische Pronomina
Was *dieser* heute baut, reißt *jener* morgen ein.

Infinitive
*Zu verreisen* ist schön.

Nebensätze
*Wer wagt,* gewinnt.

## 2. Die Formen des Prädikatsnomens

**a)** Prädikats-nomen bei Hilfsverben können sein:

Substantive in dem Kasus des Beziehungswortes
Vater ist *Arzt.*

Substantive im Genetiv
Er ist guten *Mutes.*

Substantive in einer präpositionalen Wendung
Er war *von* edler *Herkunft.*

Adjektive
Vater ist *müde.*

Partizipien
Seine Rede war *glänzend.*
Seine Rede war *gesalzen.*

Nebensätze
*Was du bist,* war ich;
*was ich bin,* wirst du sein.

**b)** Prädikats-nomen bei Vollverben können sein:

Substantive in dem Kasus des Beziehungswortes
Ich nenne dich *einen Freund.*
Er bewährte sich *als* guten *Führer.*

Substantive in einer präpositionalen Wendung
Ich mache dich *zum Direktor.*

Adjektive in dem Kasus des Beziehungswortes
Ihr macht uns *glücklich.*
Er bewies sich *als klug.*

Adjektive mit einer Präposition
Ich halte dich *für klug.*

Partizipien in dem Kasus des Beziehungswortes
Er nannte seine Rede *glänzend.*
Er nannte seine Rede *geglückt.*
Er bewies sich *als ausdauernd.*
Er bewies sich *als besonnen.*

Partizipien mit einer Präposition
Ich halte deine Rede *für glänzend.*
Ich halte ihn *für verrückt.*

### 3. Die Formen des Objekts

**a)** Akkusativ-Objekt können sein:

Substantive
Siehst du *den Mond*?

substantivierte Wörter
Er haßte *das Heute.*

substantivische Pronomina
Karl liebt *dich.*

**b)** Dativ-Objekt können sein:

Substantive
Sie vertraut *dem Freund.*

substantivierte Wörter
*Dem Heute* kannst du nicht entrinnen.

substantivische Pronomina
Antworte *mir*!

**c)** Genetiv-Objekt können sein:

Substantive
Ich enthalte mich *der Stimme.*

substantivische Pronomina
Gedenke *meiner* in Deinem Reiche!

**d)** Präpositionales Objekt können sein:

Substantive in einer präpositionalen Wendung
Er verzichtete *auf die Belohnung.*

substantivierte Wörter in einer präpositionalen Wendung
Er kümmert sich nicht *um das Morgen.*

substantivische Pronomina in einer präpositionalen Wendung
Karl wartet *auf dich.*

Pronominal-adverbien
Ich warte *darauf.*

**e)** Infinitiv-Objekt können sein:
Infinitive ohne »zu« und mit »zu«.
Er kann *lesen.* Er vermag *zu lesen.*
Ich sehe den Schornstein *rauchen.*[1]

**f)** Satz-Objekt können sein:

abhängige Aussagesätze
Er weiß, *daß du kommst.*

abhängige Begehrssätze
Er wünscht, *daß du kommest.*

abhängige Fragesätze
Er fragt, *wann du kommest.*

abhängige Ausrufesätze
Ich staune, *wie gelassen du bist.*

Relativsätze
*Was er sagt,* glaube ich.

**4. Die Formen der adverbialen Bestimmung**

Adverbiale Bestimmung können sein:

Adverbien
*Gestern* hatte Karl Geburtstag.
Das Museum ist *freitags* geschlossen.

Substantive
*Freitag* arbeite ich nicht.
Jeden *Freitag* besuche ich dich.

---

1) Zum A.c.I. vgl. S. 53f.

präpositionale Wendungen
*Am Freitag* arbeite ich nicht.
Ich spiele *ohne dich.*
Er wurde *beim Lesen* gestört.

Infinitive mit »zu« und ohne »zu«
Mein Freund kam, (*um*) mich *zu besuchen.*
Er ging *fischen.*

Partizipien
Der Redner sprach *fließend.* Das ist offen *gesagt* eine Beleidigung.

Nebensätze
Ich esse, *damit ich lebe.*

## 5. Die Formen des Attributes

Es gibt adjektivische Attribute,
substantivische Attribute,
adverbielle Attribute,
Infinitiv- Attribute,
Nebensatz- Attribute.

**a)** Adjektivisches Attribut können sein:

Adjektive
Ich suche einen *guten* Menschen.

adjektivische Pronomina
*Dein* Wille geschehe!

Numeralia
Ich lieh mir *drei* Mark.
Ich habe *viele* Freunde.

Partizipien
Tapfer ertrug er den *brennenden* Schmerz.
Ein *gebranntes* Kind scheut das Feuer.

**b)** Substantivisches Attribut sind Substantive und substantivische Pronomina.
Es gibt drei Arten substantivischer Attribute:

**1.** Die Apposition
Die Apposition ist ein substantivisches Attribut,
wird gebildet von einem Substantiv,
steht in demselben Kasus wie das Beziehungswort
und bezeichnet dasselbe wie das Beziehungswort.
Die Sterne, *eine Zierde* des Himmels, erfreuen des Menschen Herz.[1]
*Kaiser* Augustus starb im Jahre 14. n. Chr.

---

1) Die nachgestellte Apposition läßt sich, weil sie nicht unterscheidend ist, auch als Prädikativum (mit Endung, aber ohne »als«) auffassen (vgl. S. 93).

**2.** Das Genetiv-attribut

Das Genetivattribut ist ein substantivisches Attribut im Genetiv.[1]

Den Stein *der Weisen* hat noch niemand gefunden.
Die Sterne, eine Zierde *des Himmels,* erfreuen *des Menschen* Herz.
*Gottes* Mühlen mahlen langsam.
*Wessen* Mühlen mahlen langsam?
Zundelheiner ist der Bruder *des Zundelfrieder.*[2]

**3.** Das präpositionale Attribut

Das präpositionale Attribut ist ein substantivisches Attribut in Form einer präpositionalen Wendung.

Der Spatz *in der Hand* ist mir lieber als die Taube *auf dem Dach.*
Meine Sorge *um dich* war groß.

---

1) Wenn ein Genetivattribut von einem Substantiv abhängt, das eine Handlung ausdrückt (Verbal-substantiv), bezeichnet das Genetivattribut
das Subjekt der Handlung: genetivus subiectivus
oder das Objekt der Handlung: genetivus obiectivus.
Die Untersuchung *des Arztes* dauerte lange. (gen. subi.)
Die Untersuchung *des Kranken* dauerte lange. (gen. obi.)
(Der Arzt untersuchte den Kranken lange.)

2) Namen im Genetiv

a) Wenn der Name **ohne** Artikel steht, wird der Genetiv an ihm eigens gekennzeichnet, in der Regel mit der Endung »-s«.
*Zundelfrieder-s* Streiche, Werke *Hebel-s, Bosch-s* Bilder

b) Wenn der Name **mit** Artikel steht, wird der Genetiv nicht eigens gekennzeichnet.
*des Zundelfrieder* Streiche, die Dichtungen *des Homer*

c) Merke:

1. Wenn der Name auf Zischlaut (s, ß, x, z) endet, erhält der Genetiv die Endung »-ens« oder einen Apostroph.
*Fritz-ens* Zipfelmütze, *Fritz'* Zipfelmütze;
(aber mit Artikel:) *des Fritz* Zipfelmütze

2. Wenn Vorname und Nachname zusammen genannt sind, erhält nur der Nachname eine Genetivendung.
*Johann Peter Hebel-s* Werke;
(aber mit Artikel:) die Werke *des Johann Peter Hebel*
Dasselbe gilt von Nachnamen mit der Präposition »von« u. ä.
*Friedrich von Spee-s* Werke
(aber mit Artikel:) die Werke *des Friedrich von Spee*

3. Wenn der Name **ohne** Artikel oder Pronomen steht und ihm eine Apposition vorausgeht, erhält die Apposition keine Flexionsendung.
*Professor Schadewaldt-s* Vorlesungen
die Schwestern *Onkel Karl-s*
Steht der Name jedoch **mit** Artikel oder Pronomen, so erhält die Apposition eine Flexionsendung (der Name aber nicht).
Vorlesungen *des Professor-s Schadewaldt*
die Schwestern *unseres Onkel-s Karl*
Wenn »Herr« Apposition zu einem Genetiv ist, hat es immer eine Flexionsendung.
*Herr-n Schadewaldt-s* Vorlesungen
*des Herr-n Schadewaldt* Vorlesungen
*Herr-n Professor Schadewaldt-s* Vorlesungen
Vorlesungen *des Herr-n Professor-s Schadewaldt*

**c)** Adverbielles Attribut sind Adverbien.
Das adverbielle Attribut ist ein Attribut in Form eines Adverbs.
Den Mann *dort* kenne ich.

**d)** Infinitiv-attribut sind Infinitive mit »zu«.
Ich achte deine Absicht, den Leidenden *zu helfen.*

**e)** Nebensatz-attribut können sein:

Relativsätze
Das Buch, *das ich lese,* ist unterhaltend.

abhängige Fragesätze
Die Frage, *ob sie kommen,* bleibt offen.

abhängige Aussagesätze
Karls Behauptung, *daß Fritz lüge,* stimmt.

abhängige Begehrssätze
Sein Wunsch, *daß der Freund ihn besuche,* erfüllte sich.

**6. Die Formen des Prädikativums**
Das Prädikativum steht ohne »als« und mit »als«.
**a)** Das Prädikativum ohne »als«
Das Prädikativum ohne »als« ist adjektivisch und endungslos.
Prädikativum ohne »als« können sein:
Adjektive
Karl lag *krank* im Bett.

die Determinativpronomina »selbst« und »selber«
Der Präsident kam *selbst.*

Partizipien
Er saß *weinend / niedergeschlagen* vor der Grammatik.
Ich fand ihn *weinend / niedergeschlagen* vor der Grammatik.

**b)** Das Prädikativum mit »als«
Das Prädikativum mit »als« ist substantivisch und hat eine Endung.[1]
Prädikativum mit »als« können sein:
Substantive
*Als Dichter* war Goethe früh berühmt.
Die Werke Goethes *als eines Frankfurters* enthalten Verse in hessischer Mundart.

substantivische Pronomina
*Als was* bist du zum Kostümball gegangen?

---

1) Vgl. Apposition, S. 99

**c)** Das Prädikativum ohne »als« und mit »als«

Ein nicht-notwendiger Relativsatz als Prädikativum kann ohne »als« und mit »als« stehen.[1]

In (den) Satzfragen, *welche mit »Ja« oder »Nein« beantwortet werden,* steht das Prädikat an erster Stelle.

Gerade in Kleinigkeiten, *als bei welchen er sich nicht zusammennimmt,* zeigt der Mensch seinen Charakter.

### 7. Die Formen der attributiven Bestimmung

Attributive Bestimmung können sein:

Adverbien

Er lief *sehr* schnell.

Substantive

Er war *eine Woche* vorher zu Hause.

präpositionale Wendungen

Er lief *über Erwarten* schnell.

---

1) Das »als« ist besonders in älterer Sprache gebräuchlich; es zeigt, daß der Relativsatz Prädikativum ist. Das »als« gehört nicht zum Relativum, sondern zum Relativsatz als ganzem. Diese Zugehörigkeit zum ganzen Relativsatz läßt sich durch Hinzufügung eines Determinativpronomens verdeutlichen.

In Satzfragen als (in) denjenigen (Fragen), die mit »Ja« oder »Nein« beantwortet werden, steht das Prädikat an erster Stelle.

# Die Abhängigkeit der Satzteile

Ein Satzteil kann von einem anderen abhängig sein.
Die Abhängigkeit läßt sich durch einen Abhängigkeits-pfeil veranschaulichen. Ein Abhängigkeitspfeil bedeutet »... ist abhängig von ...« oder »... kann nicht stehen ohne ...«; der Abhängigkeitspfeil geht von dem abhängigen Satzteil zu dem Satzteil, von dem der abhängige Satzteil abhängt.
Es hängen ab:

**1.** Objekte und adverbiale Bestimmungen vom Verb

**a)** finite Verbform

Ich lese einen Roman.

Ich gehe ins Haus.

**b)** infinite Verbformen
Infinitiv

Ich will einen Roman lesen.

Laß mich einen Roman lesen!

Ich will ins Haus gehen.

Partizip

Einen Gassenhauer pfeifend, trat er ein.

Stark blutend lag er am Boden.

**2.** Attribute von ihrem Beziehungswort

Neue Besen kehren gut.

Des Vogels Fittich werd' ich nie beneiden.

Die Axt im Haus erspart den Zimmermann.

**3.** attributive Bestimmungen von Wörtern verschiedener Art, jedoch nicht vom Verb

Er trinkt nur Wein.

Er trinkt sehr guten Wein.

Nur er trinkt Wein.

Er trank nur drei Glas Wein.

Er trank erstaunlich schnell.

Keine Abhängigkeitspfeile werden gezogen zwischen
1. Subjekt und Prädikat
2. den Teilen eines Prädikates
   a) eines verbalen Prädikates
   b) eines nominalen Prädikates
3. Prädikatsnomen und Beziehungswort[1]
4. Prädikativum und Beziehungswort[1]
5. einem Pronomen (oder einem Pronominal-adverb) und dem Wort, für das es steht[1]
6. Artikel und Beziehungswort
7. Präposition und Nomen
8. Konjunktionen und den Satzteilen, die sie verbinden.

---

1) Die Beziehung zwischen diesen Satzteilen läßt sich durch einen (gestrichelten) Beziehungs-pfeil veranschaulichen.

a) Ich bin froh. Ich mache dich froh.

Laßt uns froh sein.

b) Vater saß müde im Sessel.

Der Redner sprach stehend.

Wir gaben die Geräte unversehrt zurück.

c) Vater liest einen Roman. Er gefällt ihm gut.

d) Ich wasche mich. Er wäscht sich.

e) Sie sahen einander lange an.

f) Er sucht sein-en Hut. Sie sucht ihr-en Hut.

Der Junge weinte. Sein-e Mutter lag im Krankenhaus.

g) Ein Unbekannter trat ein, und jeder fragte sich: »Wer ist das?«

h) Der Hut, den du trägst, gefällt mir.

i) Wenn man reich ist, beneiden einen viele.

j) Fritz brachte das Fahrrad in Ordnung, weil er damit in Urlaub fahren wollte.

# Die Arten der Sätze

Es gibt Haupt-sätze und Neben-sätze.

## Die Hauptsätze

Ein Hauptsatz ist ein un-abhängiger Satz: er ist nicht Teil eines anderen Satzes.

Es gibt vier Arten von Hauptsätzen:

**1.** Aussage-sätze: Vater liest ein Buch.
**2.** Begehrs-sätze: Lies ein Buch!
**3.** Frage -sätze: Liest Vater? Was liest Vater?
**4.** Ausrufe-sätze: Wie ausdrucksvoll liest Vater wieder!

**1. Die Aussagesätze**

Die Aussagesätze enthalten Aussagen, Mitteilungen, Feststellungen, Behauptungen, Urteile, Vermutungen.

Fritz liest ein Buch.
Fritz ist krank.
Es wäre nötig, ihm zu helfen.
Er dürfte recht haben.
Er wird seine Arbeit schon erledigt haben.

**2. Die Begehrssätze**

Die Begehrssätze enthalten Befehle, Aufforderungen, Wünsche.

Schweige!
Du sollst schweigen!
Er lebe hoch!
Dein Wille geschehe!
Wärest du doch hier!

**3. Die Fragesätze**

Es gibt zwei Arten von Fragesätzen: Satz-fragen und Wort-fragen.

**a)** Die Satzfragen

Satzfragen werden nicht durch Fragewörter eingeleitet.
Satzfragen fragen nach einem ganzen Sachverhalt und werden mit einem ganzen Satz oder mit »Ja« oder »Nein« beantwortet.

Kommt Karl? Ja (Karl kommt).
Kommt Paul? Nein (Paul kommt nicht).

**b)** Die Wortfragen

Wortfragen werden durch Fragewörter eingeleitet.
Die Frage-wörter sind Frage-pronomina oder Frage-adverbien.

Wortfragen fragen nach einem Teil eines Sachverhaltes und lassen sich nicht mit »Ja« oder »Nein« beantworten.
Die Fragewörter sind als Satzteil dasselbe wie der entsprechende Teil in der Antwort.

| | |
|---|---|
| Wer kommt? | Karl (kommt). |
| Wann kommt Karl? | Morgen (kommt Karl). |

**4. Die Ausrufesätze**
Die Ausrufesätze drücken Empfindungen aus, z. B.:
Verwunderung, Bewunderung, Entsetzen, Abscheu.
Ist das ein Wetter!
Wie ausdrucksvoll liest Vater!

## Die Stellung der Satzteile im Hauptsatz

Die Stellung der Satzteile im Hauptsatz ist frei oder festgelegt.

**1.** Frei in ihrer Stellung sind
Subjekt, Objekt, adverbiale Bestimmung, Prädikatsnomen, Prädikativum.
Ein Kanarienvogel flog von dem Spiegel ihr auf die Schulter.
Ein Kanarienvogel flog ihr von dem Spiegel auf die Schulter.
Von dem Spiegel flog ihr ein Kanarienvogel auf die Schulter.
Ihr flog ein Kanarienvogel von dem Spiegel auf die Schulter.
Auf die Schulter flog ihr ein Kanarienvogel von dem Spiegel.

Er war müde.
Müde war er.

Er kam müde nach Hause.
Müde kam er nach Hause.
Nach Hause kam er müde.

**2.** Festgelegt in ihrer Stellung sind
Prädikat, Attribut und attributive Bestimmung.
Die Attribute stehen vor oder hinter ihrem Beziehungswort.

| | |
|---|---|
| bei einem *wundermilden* Wirte | *Gottes* Haus |
| bei einem Wirte *wundermild* | Haus *Gottes* |

Die attributiven Bestimmungen stehen in der Regel vor ihrem Beziehungswort.
Er trank *nur* Wein.
Diese Ware ist haltbar bis *mindestens* 22. März.

Das Prädikat steht als zweiter oder als erster Satzteil.
**1.** Im Aussagesatz steht das Prädikat an zweiter Stelle.
Vater *liest* ein Buch.

Wenn das Prädikat zusammengesetzt ist, steht an zweiter Stelle der konjugierte Prädikats-teil.

Vater *hat* ein Buch gelesen.

**2.** In Begehrssätzen steht das Prädikat an erster Stelle oder an zweiter Stelle.

**a)** Prädikat an erster Stelle:

*Lies* dieses Buch! *Läsest* du doch dieses Buch!

Wenn das Prädikat zusammengesetzt ist, steht an erster Stelle der konjugierte Prädikatsteil.

*Hättest* du doch dieses Buch gelesen!

**b)** Prädikat an zweiter Stelle:

Nun *lies* ein Buch!

Du *sollst* dieses Buch lesen! Er *lebe* hoch!

**3.** Fragesätze

**a)** In Satz-fragen steht das Prädikat an erster Stelle.[1]

*Liest* Vater ein Buch?

Wenn das Prädikat zusammengesetzt ist, steht an erster Stelle der konjugierte Prädikatsteil.

*Hat* Vater ein Buch gelesen?

**b)** In Wort-fragen steht das Prädikat an zweiter Stelle.

Was *liest* Vater?

Wenn das Prädikat zusammengesetzt ist, steht an zweiter Stelle der konjugierte Prädikatsteil.

Was *hat* Vater gelesen?

**4.** In Ausrufesätzen steht das Prädikat an erster oder an zweiter Stelle.

*Ist* das ein Wetter!

Wie ausdrucksvoll *liest* Vater wieder!

Wenn das Prädikat zusammengesetzt ist, steht an erster oder an zweiter Stelle der konjugierte Prädikatsteil.

*Hat* der gelacht!

Wie schön *hat* Vater wieder gelesen!

---

1) Bisweilen lassen sich die Arten der Hauptsätze nicht durch die Wortstellung von einander unterscheiden, sondern nur durch Ton-fall und Satz-zeichen. In solchen Fällen steht auch in Satzfragen das Prädikat an zweiter Stelle; vgl.:

| | |
|---|---|
| Vater liest ein Buch. | Sie kommen mit. |
| Vater liest ein Buch! | Sie kommen mit! |
| Vater liest ein Buch? | Sie kommen mit? |

Für Sätze, in denen das Prädikat an zweiter Stelle steht, gilt:

**1.** Attribute, attributive Bestimmungen und Konjunktionen werden nicht gezählt.

Kluge Bücher lese ich gerne.
1. 2.

Sehr kluge Bücher lese ich gerne.
1. 2.

Er bleibt zu Hause; denn er ist krank.[1]
1. 2.

**2.** Gleichartige Satzteile werden nur einmal gezählt.

Vater und Mutter lesen Bücher.
1. 2.

**3.** Wenn ein Satzteil durch ein Adverb oder ein Pronomen in demselben Satz aufgenommen wird, werden beide nur als *ein* Satzteil gezählt.

Am Brunnen vor dem Tore, da steht ein Lindenbaum.
1. 2.

Sich selbst zu besiegen, das ist der schönste Sieg.
1. 2.

**4.** Erweiterte Infinitive und erweiterte Partizipien werden nur als *ein* Satzteil gezählt.

Werke der Kunst zu interpretieren ist schwierig.
1. 2.

Aller Mittel beraubt, verlor er dennoch den Mut nicht.
1. 2.

---

1) Konjunktionen werden bei der Zählung der Satzteile nicht berücksichtigt, adverbiale Bestimmungen aber wohl:

Er bleibt zu Hause; denn (Kj.) er ist krank.
1. 2.

Er ist krank; darum (a. B.) bleibt er zu Hause.
1. 2.

**5.** Nebensätze werden nur als *ein* Satzteil gezählt.

Wenn du kommst, komme auch ich.

1. 2.

Als ich sah, daß es zu regnen begann, holte ich einen Schirm.

1. 2.

**6.** Wenn ein Nebensatz durch ein Adverb oder ein Pronomen aufgenommen wird, werden beide nur als *ein* Satzteil gezählt.

Wenn du kommst, dann komme auch ich.

1. 2.

Daß er kommt, das weiß ich.

1. 2.

# Die Nebensätze

Die Neben-sätze sind abhängige Sätze: sie sind einem anderen Satz unter-geordnet und sind Satzteil dieses anderen Satzes.

Ich glaube dir, *was du gesagt hast.*

Ein Nebensatz ist erkennbar

**1.** an dem einleitenden Wort

Einleitende Wörter sind

| | | | |
|---|---|---|---|
| Relativa: | Ich glaube dir, | *was* | du gesagt hast. |
| Interrogativa: | Er weiß nicht, | *wo* | er ist. |
| Konjunktionen: | Ich glaube, | *daß* | er krank ist. |

**2.** an der Stellung des Prädikates

Das Prädikat steht im Nebensatz an letzter Stelle.

Ich glaube dir, was du *sagst.*

Wenn das Prädikat zusammengesetzt ist, steht an letzter Stelle der konjugierte Prädikatsteil.

Ich glaube dir, was du gesagt *hast.*

Das Prädikat bzw. der konjugierte Prädikatsteil steht im Nebensatz nicht an letzter Stelle,

**a)** wenn in einem abhängigen Aussagesatz die Konjunktion »daß« ausfällt; das Prädikat bzw. der konjugierte Prädikatsteil steht dann an zweiter Stelle (wie in einem un-abhängigen Aussagesatz), jedoch im Konjunktiv.

Fritz sagt, daß er krank *ist* / *sei.*
Fritz sagt, er *sei* krank.

Fritz sagt, daß er krank gewesen *ist* / *sei.*
Fritz sagt, er *sei* krank gewesen.

**b)** wenn in einem Kondizionalsatz oder in einem Konzessivsatz die Konjunktion »wenn« ausfällt; das Prädikat bzw. der flektierte Prädikatsteil steht dann an erster Stelle (wie in einer un-abhängigen Satzfrage oder einem un-abhängigen Begehrssatz); der Modus bleibt unverändert.

Wenn du *kommst,* (dann) komme auch ich.
*Kommst* du , dann komme auch ich.

Wenn du *kämest* , (dann) käme auch ich.
*Kämest* du , dann käme auch ich.

Wenn er auch reich *ist,* (so) ist er doch nicht glücklich.
*Ist* er auch reich , so ist er doch nicht glücklich.

**c)** wenn in einem bedingenden Komparativsatz mit »als wenn« oder »als ob« das »wenn« oder das »ob« ausfällt; das Prädikat bzw. der konjugierte Prädikatsteil steht dann hinter dem »als«.

Er tut so, als wenn er reich *wäre*.
Er tut so, als *wäre* er reich.

Er tut so, als ob er reich *wäre*.
Er tut so, als *wäre* er reich.

**d)** wenn das Prädikat eine zusammengesetzte Form der Verben ist, die einen Infinitiv ohne »zu« bei sich haben.[1]

Er glaubt(-e), daß er seinen Gegner *werde* besiegen können.
Er ist traurig, weil er ihn nicht *hat* besiegen können.
Ich war bedrückt, weil ich das Unheil *hatte* kommen sehen.

**e)** wenn das Prädikat des Nebensatzes einen Infinitiv mit »zu« als Objekt bei sich hat; das Prädikat kann dann vor der Infinitivkonstruktion stehen.

Fritz ist verzweifelt, weil er vergeblich an Geld zu kommen *versucht*.
Fritz ist verzweifelt, weil er vergeblich *versucht*, an Geld zu kommen.

## Die Arten der Nebensätze

Nebensätze lassen sich nach drei Hinsichten[2] bestimmen:

**1.** nach dem einleitenden Wort
**2.** als Satzteil des übergeordneten Satzes
**3.** vom Sinn her.[3]

### 1. Nebensätze, bestimmt nach dem einleitenden Wort

Nebensätze werden eingeleitet
durch Relativa,
durch Interrogativa,
durch sub-ordinierende Konjunktionen.

Die Nebensätze werden nach ihrem einleitenden Wort bestimmt als

**a)** Relativ -sätze
**b)** Interrogativ -sätze
**c)** Konjunktional-sätze

---

1) Das sind die sechs Modalverben mit dem Infinitiv ohne »zu« und die Verben, die einen A. c. I. bei sich haben (vgl. S. 10, 49, 54).

2) Relativsätze werden, wenn sie keine Lokalsätze sind, nur nach zwei Hinsichten bestimmt: nach dem einleitenden Wort und als Satzteil des übergeordneten Satzes.

3) Nebensätze lassen sich noch nach anderen Hinsichten bestimmen, z. B. nach der Art des in ihnen Gesagten (Aussage, Begehren, Frage, Ausruf), nach ihrer Notwendigkeit oder Nicht-notwendigkeit, nach dem Abhängigkeitsgrad, nach der Stellung, nach dem Zeitverhältnis.

**a) Die Relativsätze**

Die Relativsätze werden eingeleitet
durch die Relativ-pronomina »der; welcher; wer, was«
oder die Relativ-adverbien »wo, wie« und andere.[1]

Du sprichst von Zeiten, *die vergangen sind.*
*Wo alle dasselbe denken*, wird nicht viel gedacht.

Die Relativsätze, die durch ein Relativ-pronomen eingeleitet werden, sind als Satzteil des übergeordneten Satzes Subjekt, Objekt, Attribut, Prädikatsnomen oder Prädikativum[2].

*Wer ohne Schuld ist*, werfe den ersten Stein!
*Der das Ohr geschaffen hat*, sollte der nicht hören?
*Wer einmal lügt*, dem glaubt man nicht.
*Die du hinweggewiesen*, eignet' ich mir zu.
In den Fragen, *die mit »Ja« oder »Nein« beantwortet werden*, steht der konjugierte Prädikatsteil an erster Stelle.
*Was du bist*, war ich;
*Was ich bin*, wirst du sein. (Grabinschrift)
Gerade in Kleinigkeiten, (*als*) *bei welchen er sich nicht zusammennimmt*, zeigt der Mensch seinen Charakter.

Die Relativsätze, die durch ein Relativ-adverb eingeleitet werden, sind als Satzteil des übergeordneten Satzes Attribut oder adverbiale Bestimmung.

Hier ist die Stelle, *wo ich sterblich bin.*
*Wo gehobelt wird*, fallen Späne.

**b) Die Interrogativsätze**

Die Interrogativsätze werden eingeleitet
durch die Interrogativ-pronomina »wer, was; welcher«
oder die Interrogativ-adverbien »wo, wann, wie, womit, warum« und andere.

Ich weiß nicht, *was er will.*
Ich weiß nicht, *wann er kommt.*

Die Interrogativsätze werden durch ein Frage-wort eingeleitet und sind daher abhängige Wort-fragen.[3]

---

1) Statt eines Relativ-pronomens mit Präposition steht öfter ein Relativ-adverb.

Abends erreichten wir das Dorf, — *in dem* wir übernachten wollten.
Abends erreichten wir das Dorf, — *wo* wir übernachten wollten.

2) Prädikativum als Satzteil sind nur nicht-notwendige Relativsätze.

3) Die abhängigen Satz-fragen werden durch die Konjunktion »ob« eingeleitet und sind daher (nach dem einleitenden Wort bestimmt) nicht Interrogativ-sätze, sondern Konjunktional-sätze.

**c) Die Konjunktionalsätze**

Die Konjunktionalsätze werden durch sub-ordinierende Konjunktionen eingeleitet. Subordinierende Konjunktionen sind z. B. »daß, ob, als, wenn«.

*Daß du kommst*, freut uns.
Ein Jüngling fragte den Sokrates, *ob er heiraten solle.*
Manchmal kostet es den Kopf, *wenn man sein Gesicht wahren will.*

**2. Nebensätze, bestimmt als Satzteil des übergeordneten Satzes**

Nebensätze sind Teil des übergeordneten Satzes
und lassen sich als Satz-teil des übergeordneten Satzes bestimmen.[1]
Sie sind:

**a)** Subjekt
**b)** Objekt
**c)** adverbiale Bestimmung
**d)** Attribut
**e)** Prädikatsnomen
**f)** Prädikativum

**a) Die Subjekt-sätze**

*Wer ohne Schuld ist*, werfe den ersten Stein!
*Wann Homer gelebt hat*, ist umstritten.
Es wird überliefert, *daß Homer blind gewesen sei.*

**b) Die Objekt-sätze**

*Wer nicht sehen will*, dem helfen weder Aug' noch Brill'.
Ich weiß nicht, *was er will.*
Ein Jüngling fragte Sokrates, *ob er heiraten solle.*

**c) Die Adverbial-sätze**

*Wo gehobelt wird*, fallen Späne.
*Wenn das Aug' nicht sehen will*, helfen weder Licht noch Brill'.

**d) Die Attribut-sätze**

Du sprichst von Zeiten, *die vergangen sind.*
Die Frage, *wann Homer gelebt hat*, ist noch nicht beantwortet.
Die Nachricht, *daß er gewonnen habe*, erfreute uns.

---

1) Man muß unterscheiden:
a) Ein Nebensatz besteht (wie ein Hauptsatz) aus Teilen.
Diese Teile lassen sich als Satz-teile des Nebensatzes bestimmen.

| | | | | |
|---|---|---|---|---|
| Ich weiß, | wohin | er | dich | führt. |
| | a. B. | S | AO | P |

b) Ein Nebensatz ist Teil des übergeordneten Satzes und läßt sich als Satz-teil des übergeordneten Satzes bestimmen.

Ich weiß, wohin er dich führt.
Objekt

e) **Die Prädikatsnominal-sätze**

*Was du bist*, war ich;
*Was ich bin*, wirst du sein. (Grabinschrift)
Das Gefährlichste an den Halbwahrheiten ist, *daß fast immer die falsche Hälfte geglaubt wird.*

f) **Die Prädikativ-sätze**

Gerade in Kleinigkeiten, *als bei welchen er sich nicht zusammennimmt*, zeigt der Mensch seinen Charakter.

### 3. Nebensätze, bestimmt vom Sinn her

Vom Sinn her lassen sich die Nebensätze bestimmen als:

**1.** abhängige Aussage-sätze
**2.** abhängige Begehrs-sätze
**3.** abhängige Frage-sätze
**4.** abhängige Ausrufe-sätze
**5.** Lokal-sätze
**6.** Restriktiv-sätze
**7.** Temporal-sätze
**8.** Adversativ-sätze
**9.** Kausal-sätze
**10.** Kondizional-sätze
**11.** Konzessiv-sätze
**12.** Final-sätze
**13.** Konsekutiv-sätze
**14.** Modal-sätze
**15.** Komparativ-sätze
**16.** bedingende Komparativ-sätze
**17.** Proportional-sätze

**1. Die abhängigen Aussagesätze**

Die abhängigen Aussagesätze enthalten (wie die unabhängigen) Aussagen, Mitteilungen, Feststellungen, Behauptungen, Urteile, Vermutungen.
Die abhängigen Aussagesätze werden durch die Konjunktionen »daß« und »wie« eingeleitet.[1]
Nach dem einleitenden Wort bestimmt, sind die abhängigen Aussagesätze Konjunktionalsätze.
Als Satzteil des übergeordneten Satzes bestimmt, sind die abhängigen Aussagesätze Subjekt, Objekt, Attribut oder Prädikatsnomen.[2]

Es wird überliefert, *daß Homer blind gewesen sei.*
Das Gesicht des Feindes entsetzt mich, weil ich sehe, *wie es meinem eigenen ähnelt.*
Die Nachricht, *daß er gewonnen habe*, erfreute uns.
Das Gefährlichste an den Halbwahrheiten ist, *daß fast immer die falsche Hälfte geglaubt wird.*

---

1) Die Konjunktion »daß« fällt in abhängigen Aussagesätzen oft aus. Das Prädikat steht dann an zweiter Stelle und im Konjunktiv.
Fritz sagt, daß er krank *ist* / *sei.*
Fritz sagt, er *sei* krank.

2) Abhängige Aussagesätze, auf die ein Pronominal-adverb (dar-über, dar-auf, da-mit, da-für, da-zu, da-von, da-bei, dar-an u.a.) im übergeordneten Satz hinweist, sind als Satzteil adverbiale Bestimmung oder (präpositionales) Objekt.
Sie freuen sich dar-über, *daß wir kommen.*
Sie freuen sich dar-auf, *daß wir kommen.*

2. **Die abhängigen Begehrssätze**

Die abhängigen Begehrssätze enthalten (wie die unabhängigen) Aufforderungen und Wünsche.
Die abhängigen Begehrssätze werden durch die Konjunktion »daß« eingeleitet.[1]
Nach dem einleitenden Wort bestimmt, sind die abhängigen Begehrssätze Konjunktionalsätze.
Als Satzteil des übergeordneten Satzes bestimmt, sind die abhängigen Begehrssätze Subjekt, Objekt oder Attribut.

*Daß er komme*, war unser aller Wunsch.
Wir wünschten, *daß er komme*.
Unser Wunsch, *daß er komme*, erfüllte sich.

3. **Die abhängigen Fragesätze**

Die abhängigen Fragesätze sind (wie die unabhängigen Fragesätze) Satz-fragen oder Wort-fragen.

Die abhängigen Satzfragen werden durch die Konjunktion »ob« eingeleitet.
Nach dem einleitenden Wort bestimmt, sind die abhängigen Satzfragen Konjunktionalsätze.

Ich weiß nicht, *ob er kommt*.

Die abhängigen Wortfragen werden (wie die unabhängigen) durch ein Frage-wort (Interrogativum) eingeleitet.
Nach dem einleitenden Wort bestimmt, sind die abhängigen Wortfragen Interrogativsätze.

Ich weiß nicht, *wann er kommt*.

Als Satzteil des übergeordneten Satzes bestimmt, sind die abhängigen Fragesätze Subjekt, Objekt oder Attribut.

*Wann Homer gelebt hat*, ist umstritten.
Ein Jüngling fragte Sokrates, *ob er heiraten solle*.
Sokrates antwortete auf des Jünglings Frage, *ob er heiraten solle*: »Was immer du tust – du wirst es bereuen.«

4. **Die abhängigen Ausrufesätze**

Die abhängigen Ausrufesätze drücken (wie die unabhängigen) Empfindungen aus, z. B. Verwunderung, Bewunderung, Entsetzen oder Abscheu.
Die abhängigen Ausrufesätze werden durch die Konjunktion »wie« eingeleitet.

---

1) Bisweilen fällt die Konjunktion »daß« auch in abhängigen Begehrssätzen aus. Dann steht das Prädikat (wie bei den abhängigen Aussagesätzen) an zweiter Stelle. (vgl. S. 110, 2a)
Sie forderten, der Mörder *solle* bestraft werden.
Ich wollt', ich *wär'* ein Huhn.

Nach dem einleitenden Wort bestimmt, sind die abhängigen Ausrufesätze Konjunktionalsätze.
Als Satzteil des übergeordneten Satzes bestimmt, sind die abhängigen Ausrufesätze Objekt.

Sokrates' Freunde staunten, *wie gelassen er sein Schicksal trug.*

**5. Die Lokalsätze**

Die Lokalsätze enthalten eine Angabe des Ortes, der Richtung oder der Herkunft.
Sie werden eingeleitet durch die Relativadverbien »wo, wohin, woher«.
Nach dem einleitenden Wort bestimmt, sind die Lokalsätze Relativsätze.
Als Satzteil des übergeordneten Satzes bestimmt, sind die Lokalsätze adverbiale Bestimmung des Ortes, der Richtung oder der Herkunft.[1]

*Wo alle dasselbe denken*, wird nicht viel gedacht.
Ich folge dir, *wohin du gehst.*
Du siehst, *wohin du siehst*, nur Eitelkeit auf Erden.
Ich komme, *woher du kommst.*

**6. Die Restriktivsätze**

Die Restriktivsätze schränken ein; sie geben an, in welcher Hinsicht und in welchem Umfang das im übergeordneten Satz Gesagte gilt.
Sie werden eingeleitet durch die Konjunktionen »sofern, insofern, soweit, soviel«.
Nach dem einleitenden Wort bestimmt, sind die Restriktivsätze Konjunktionalsätze.
Als Satzteil des übergeordneten Satzes bestimmt, sind die Restriktivsätze adverbiale Bestimmung der Erstreckung.

*Nur soweit die Historie dem Leben dient*, wollen wir ihr dienen.

---

1) Bei Nebensätzen, die durch ein Relativadverb eingeleitet werden, muß man zwischen Relativsätzen als Lokalsätzen und Relativsätzen als Attributsätzen unterscheiden.

a) Lokalsätze
Sie beziehen sich nicht auf ein Nomen des übergeordneten Satzes; das Relativadverb ist nicht durch ein Relativpronomen mit Präposition ersetzbar.
*Wo gehobelt wird*, fallen Späne.
(Frage: Wo fallen Späne?)

b) Relativsätze als Attribut
Sie beziehen sich auf ein Nomen des übergeordneten Satzes und bestimmen es näher; das Relativadverb ist durch ein Relativpronomen mit Präposition ersetzbar.
Wir sahen das Dorf, *wo wir übernachten wollten.*
Wir sahen das Dorf, *in dem wir übernachten wollten.*
(Frage: Was für ein Dorf sahen wir?)

Also: Jeder Lokalsatz wird eingeleitet durch ein Relativadverb, aber nicht jeder durch ein Relativadverb eingeleitete Relativsatz ist ein Lokalsatz.

**7. Die Temporalsätze**

Die Temporalsätze enthalten eine Zeitangabe.

Sie werden eingeleitet durch die Konjunktionen »als, da, wenn, sooft, nachdem, seitdem, sobald, ehe, bevor, solange, während, bis«.

Nach dem einleitenden Wort bestimmt, sind die Temporalsätze Konjunktionalsätze.

Als Satzteil des übergeordneten Satzes bestimmt, sind die Temporalsätze adverbiale Bestimmung der Zeit.

Es irrt der Mensch, *solang' er strebt.*

**8. Die Adversativsätze**

Die Adversativsätze nennen einen Gegensatz zu dem im übergeordneten Satz Gesagten.

Die Adversativsätze werden durch die Konjunktion »während« eingeleitet.[1]

Nach dem einleitenden Wort bestimmt, sind die Adversativsätze Konjunktionalsätze.

Als Satzteil des übergeordneten Satzes bestimmt, sind die Adversativsätze adverbiale Bestimmung des Gegensatzes.

*Während ich arbeite*, faulenzt ihr.

Sie fahren im bequemen Personenauto aufs Schlachtfeld, *während jene nur im Viehwagen dahingelangt sind.*

**9. Die Kausalsätze**

Die Kausalsätze nennen einen Grund (causa); der übergeordnete Satz nennt die Folge, die sich aus diesem Grund ergibt.

Die Kausalsätze werden durch die Konjunktionen »weil, da« oder »zumal« eingeleitet.[2]

Nach dem einleitenden Wort bestimmt, sind die Kausalsätze Konjunktionalsätze.

Als Satzteil des übergeordneten Satzes bestimmt, sind die Kausalsätze adverbiale Bestimmung des Grundes.

Er blieb zu Hause, *weil er krank war.*

Eines Sonntagmorgens blieb der Schlüssel zur Speisekammer stecken, *da die Mutter von dem Geläute der Glocken übereilt wurde.*

Seine Bitte konnte ich ihm nicht abschlagen, *zumal er sich mir oft gefällig erwiesen hatte.*

---

1) Die Adversativsätze haben sich aus Temporalsätzen entwickelt; sie behalten den temporalen Charakter beim Zeitverhältnis der Gleich-zeitigkeit, sie verlieren ihn beim Zeitverhältnis der Vor- oder der Nach-zeitigkeit.

2) Die Kausalsätze haben sich aus Temporalsätzen entwickelt. Die Sätze mit »weil« bezeichnen ursprünglich eine adverbiale Bestimmung der Dauer (»weil« = »solange«; »weil« < »die Weile«); die Sätze mit »da« bezeichnen ursprünglich eine adverbiale Bestimmung des Zeitpunktes (»da« = »zu der Zeit, als«).

## 10. Die Kondizionalsätze

Die Kondizionalsätze nennen eine Bedingung (condicio); die Bedingung ist ein bloß gedachter Grund. Der übergeordnete Satz nennt die Folge aus dieser Bedingung.

Die Kondizionalsätze werden durch die Konjunktionen »wenn« und »falls« (= »für den Fall, daß«) eingeleitet.[1]

Nach dem einleitenden Wort bestimmt, sind die Kondizionalsätze Konjunktionalsätze.

Als Satzteil des übergeordneten Satzes bestimmt, sind die Kondizionalsätze adverbiale Bestimmung der Bedingung.

Es gibt zwei Arten der Kondizionalsätze:

**a) in-definite Kondizionalsätze**

Die indefiniten Kondizionalsätze lassen un-entschieden, ob die Bedingung verwirklicht wird oder nicht. Das Prädikat steht im Indikativ.

*Wenn du kommst*, komme auch ich.

(Aber es bleibt offen, ob du kommst, also auch, ob ich komme.)

**b) ir-reale Kondizionalsätze**

Die irrealen Kondizionalsätze lassen nicht unentschieden, ob die Bedingung verwirklicht wird oder nicht. Das Prädikat steht im Konjunktiv II:

1. im Konjunktiv Imperfekt: Irrealis der Gegenwart

   Die Bedingung wird nicht verwirklicht.

   *Wenn du kämest*, käme auch ich.

   (Du kommst aber nicht, also komme auch ich nicht.[2])

2. im Konjunktiv Plusquamperfekt: Irrealis der Vergangenheit

   Die Bedingung ist nicht verwirklicht worden.

   *Wenn du gekommen wärest*, hätte ich mich gefreut.

   (Du bist aber nicht gekommen, also habe ich mich nicht gefreut.)

---

1) Das kondizionale »wenn« kann ausfallen (das temporale nicht).
*Wenn er kommt*, freue ich mich.
*Kommt er*, so / dann freue ich mich.

Die Kondizionalsätze ohne »wenn« sind entstanden
a) aus Frage-sätzen : Kommt er? Dann freue ich mich. >
*Kommt er*, dann freue ich mich.
b) aus Begehrs-sätzen: Käme er (doch)! Dann freute ich mich. >
*Käme er*, dann freute ich mich.

2) Je nach Zusammenhang kann der Irrealis der Gegenwart ausdrücken, daß die Verwirklichung der Bedingung (also auch der Folge) nicht gänzlich ausgeschlossen ist.
*Wenn du kämest*, käme auch ich.
(Wenn du wider Erwarten doch kommen solltest, käme auch ich.)

Das Prädikat des übergeordneten Satzes steht in demselben Modus wie das des Kondizionalsatzes.

Wenn man ein Seher *ist, braucht* man kein Beobachter zu sein.
Wenn weise Männer nicht *irrten, müßten* die Narren verzweifeln.
*Wäre* mancher schon erschaffen gewesen, er *hätte* Gott bei der Schöpfung Rat erteilt.

**11. Die Konzessivsätze**

Die Konzessivsätze nennen eine Bedingung oder einen Grund, weisen aber zugleich darauf hin, daß das im übergeordneten Satz Gesagte dem entgegengesetzt ist, was normalerweise Folge einer solchen Bedingung oder eines solchen Grundes ist.[1]

Die Konzessivsätze werden eingeleitet durch die Konjunktionen »wenn auch[2], wenn-gleich, ob-gleich, ob-wohl, ob-schon«.

Nach dem einleitenden Wort bestimmt, sind die Konzessivsätze Konjunktionalsätze.

Als Satzteil des übergeordneten Satzes bestimmt, sind die Konzessivsätze adverbiale Bestimmung der Einräumung.

*Wenn auch die Kräfte fehlen*, muß man (dennoch / trotzdem) den Willen loben.
*Obwohl die Sonne scheint*, ist es kalt.

**12. Die Finalsätze**

Die Finalsätze nennen Zweck und Absicht.

Sie werden durch die Konjunktionen »damit«, seltener »daß« und das ältere »auf daß« eingeleitet.

Nach dem einleitenden Wort bestimmt, sind die Finalsätze Konjunktionalsätze.

Als Satzteil des übergeordneten Satzes bestimmt, sind die Finalsätze adverbiale Bestimmung des Zweckes.

Ich half ihm, *damit er rechtzeitig fertig werde.*
Bedenke wohl die erste Zeile, *daß deine Feder sich nicht übereile*!
Du sollst Vater und Mutter ehren, *auf daß es dir wohlergehe und du lange lebest auf Erden*!

---

1) Der Sprechende räumt einen solchen Gegensatz ein; daher werden die Konzessivsätze auch Einräumungssätze genannt.
Den Konzessivsätzen dem Sinne nach verwandt sind Sätze wie:
*Wieviel / Soviel du auch weißt*, hier irrst du.
*Wie sehr / Sosehr ich mich auch mühte*, retten konnte ich ihn nicht.
*Was du auch sagen wirst*, glauben wird dir niemand.

2) Das konzessive »wenn« kann (wie das kondizionale) ausfallen.
*Wenn er auch reich ist*, so ist er doch nicht glücklich.
*Ist er auch reich*, so ist er doch nicht glücklich.

An die Stelle eines Finalsatzes kann ein »um-zu«-Infinitiv treten, wenn zwei Bedingungen erfüllt sind:
a) der Finalsatz muß dasselbe Subjekt haben wie der übergeordnete Satz;
b) das Subjekt selbst muß die Absicht haben.

Wir essen, *um zu leben.*

**13. Die Konsekutivsätze**

Die Konsekutivsätze nennen eine Folge, die sich aus dem im übergeordneten Satz Gesagten ergibt.[1]

Die Konsekutivsätze werden durch die Konjunktionen »daß« und »so daß« eingeleitet.[2]

Nach dem einleitenden Wort bestimmt, sind die Konsekutivsätze Konjunktionalsätze.

Als Satzteil des übergeordneten Satzes bestimmt, sind die Konsekutivsätze adverbiale Bestimmung der Folge.

Es regnete so, *daß die Bäche anschwollen.*
Es regnete, *so daß die Bäche anschwollen.*
Er sprach so leise, *daß ihn niemand verstand.*
Er sprach leise, *so daß ihn niemand verstand.*
Ich half ihm, *so daß er rechtzeitig fertig wurde.*
Er lügt, *daß sich die Balken biegen.*

**14. Die Modalsätze**

Die Modalsätze nennen die Weise (modus), in der sich das im übergeordneten Satz Gesagte vollzieht.

Die Modalsätze werden durch die Konjunktion »indem« eingeleitet. Statt der Konjunktion »indem« kann oft, aber nicht immer »dadurch, daß« stehen. Verneinte Modalsätze werden durch »ohne daß« eingeleitet.

Nach dem einleitenden Wort bestimmt, sind die Modalsätze Konjunktionalsätze.

Als Satzteil des übergeordneten Satzes bestimmt, sind die Modalsätze adverbiale Bestimmung der Weise.

Der vorsichtige Pessimist begeht Selbstmord, *indem (= dadurch, daß) er sich vor ein Sanitätsauto wirft.*
Solon sagte, er altere, *indem er Tag für Tag vieles hinzulerne.*
Er verließ den Saal, *ohne daß man es bemerkte.*

---

1) Konsekutivsatz und Finalsatz nennen eine Folge.
Der Finalsatz stellt die Folge als beabsichtigt dar.
Der Konsekutivsatz läßt offen, ob die Folge beabsichtigt ist oder nicht.
Der Boxer gab dem Gegner einen Kinnhaken, *damit er hinfalle.*
Der Boxer gab dem Gegner einen Kinnhaken, *so daß er hinfiel.*

2) Auf den Konsekutivsatz kann ein im übergeordneten Satz stehendes »so« hinweisen. »so« ist im übergeordneten Satz adverbiale Bestimmung oder attributive Bestimmung (vgl. S. 89 und S. 94).

Wenn das Subjekt des verneinten Modalsatzes dasselbe ist wie das Subjekt des übergeordneten Satzes, tritt in der Regel an die Stelle des Modalsatzes ein Infinitiv mit »ohne-zu«.

(Er verließ den Saal, ohne daß er sich verabschiedete.)
Er verließ den Saal, *ohne sich zu verabschieden.*

## 15. Die Komparativsätze

Die Komparativsätze nennen einen Vergleich.
Sie werden eingeleitet durch die Konjunktionen »wie« oder »als«;
»wie« bezeichnet die Gleichheit,
»als« bezeichnet die Verschiedenheit, den Unterschied.[1]
Nach dem einleitenden Wort bestimmt, sind die Komparativsätze Konjunktionalsätze.
Als Satzteil des übergeordneten Satzes bestimmt, sind die Komparativsätze adverbiale Bestimmung des Vergleiches.[2]

*Wie die Alten sungen,* (so) zwitschern die Jungen.
Das Spiel verlief anders, *als ich erwartet hatte.*
Er singt besser, *als er glaubt.*
Er ist besser, *als man glaubt.*

## 16. Die bedingenden Komparativsätze

Die bedingenden Komparativsätze[2] nennen einen bedingenden Vergleich.[3] Ihr Prädikat steht im Konjunktiv II.

---

1) Bisweilen fällt die einleitende Konjunktion des Komparativsatzes aus. Dann tritt das auf den Komparativsatz hinweisende »so« mit dem Wort, zu dem es gehört, aus dem übergeordneten Satz an den Anfang des Komparativsatzes.

Ich mache meine Arbeit so gut, *als / wie ich kann.*
Ich mache meine Arbeit , *so gut ich kann.*

2) Von den Komparativsätzen (Vergleichs-sätzen) und den bedingenden Komparativsätzen sind Nebensätze unterschieden, die innerhalb eines Vergleiches stehen. Die Nebensätze innerhalb eines Vergleiches können verschiedener Art sein (vgl. S. 30, 89).

Kein Geld ist besser ausgegeben, *als das zu unserer Witzigung beigetragen.*
Daß wir leben, ist genauso gewiß, *wie daß wir sterben.*
Man ist nie eifersüchtiger, *als wenn man in der Liebe anfängt zu erkalten.*
Das Leben war zu rabenmütterlich mit ihm umgegangen, *als daß er jetzt den Mut gehabt hätte, seinen Triumph auszukosten.*

3) Die bedingenden Komparativsätze sind aus der Verbindung eines Komparativsatzes mit einem Konditionalsatz entstanden.

Er tut, wie er täte, wenn er reich wäre.
Er tut, wie (er täte,) wenn er reich wäre.
Er tut, wie wenn er reich wäre.

Die bedingenden Komparativsätze werden durch die Konjunktionen »wie wenn, als wenn, als ob« eingeleitet.[1]
Nach dem einleitenden Wort bestimmt, sind die bedingenden Komparativsätze Konjunktionalsätze.
Als Satzteil des übergeordneten Satzes bestimmt, sind die bedingenden Komparativsätze adverbiale Bestimmung des Vergleiches.

Er tut, *wie wenn er reich wäre.*
Er tut, *als wenn er reich wäre.*
Er tut, *als ob er reich wäre.*

**17. Die Proportionalsätze**

Die Proportionalsätze nennen eine Entsprechung: dem im Proportionalsatz Gesagten entspricht das im übergeordneten Satz Gesagte.
Die Proportionalsätze werden durch die Konjunktion »je« eingeleitet; dem »je« (mit Komparativ) entspricht im übergeordneten Satz »desto« oder »um so« (mit Komparativ), nicht selten »je« (mit Komparativ).[2]
Nach dem einleitenden Wort bestimmt, sind die Proportionalsätze Konjunktionalsätze.
Als Satzteil des übergeordneten Satzes bestimmt, sind die Proportionalsätze adverbiale Bestimmung des Vergleiches.

*Je mehr die Sau fraß*, desto feister wurde sie.
Ein Werk wird um so besser, *je sorgfältiger es ausgeführt wird.*
*Je mehr du dich selbst liebst,* je mehr bist du dein eigener Feind.

---

1) Bei »als wenn« kann das »wenn«, bei »als ob« kann das »ob« ausfallen. Dann steht das Prädikat hinter dem »als«.

Er tut, *als ob er reich wäre.*
Er tut, *als wäre er reich.*

2) »Je länger, je lieber«,
statt »Je länger, desto lieber«
oder »Je länger, um so lieber«.

# Die Modi im Nebensatz

**Der Indikativ**

Der Indikativ bezeichnet die Wirklichkeit.

Ich weiß, daß Karl krank *ist*.

**Der Konjunktiv**

**1.** Der Konjunktiv I

Der Konjunktiv I bezeichnet

**a)** ein Begehren

Sie forderten, daß er ausgeliefert *werde*.

**b)** die innere Abhängigkeit

Karl sagte, er *habe* keine Zeit.

Der Vater dankte seinem Sohne, weil er ihm geholfen *habe*.

**2.** Der Konjunktiv II

Der Konjunktiv II bezeichnet

**a)** ein Begehren

Ich wünschte, daß er *käme*.[1]

**b)** die Nicht-Wirklichkeit (Ir-realität)

Wenn ich ein Vöglein *wär'*, flög' ich zu dir.

Wenn ich ein Vöglein *gewesen wäre*, wäre ich zu dir geflogen.

**c)** die innere Abhängigkeit

Der Konjunktiv II bezeichnet die innere Abhängigkeit, wenn er den Konjunktiv I ersetzt.

Der Konjunktiv II ersetzt den Konjunktiv I, wenn der Konjunktiv I und der Indikativ gleich lauten.

Die Eltern sagten, sie *hätten* keine Zeit.

Karl dankte seinen Freunden, weil sie ihm geholfen *hätten*.

---

1) »Ich wünschte« ist hier Konj. Impf., nicht Ind. Impf. Wenn »wünschte« Indikativ wäre, müßte im Nebensatz der Konj. Präs. stehen (vgl. S. 128).

# Die innere Abhängigkeit

Die innere Abhängigkeit drückt der Konjunktiv aus.[1]
Innerlich abhängig sind Nebensätze, deren Inhalt nicht der augenblicklich Sprechende, sondern eine andere Person, meist das Subjekt des übergeordneten Satzes, sagt oder denkt.[2]

**1.** Wenn der Nebensatz nicht innerlich abhängig ist, steht das Prädikat im Indikativ oder im Konjunktiv.[3]
(Ich sage:)
Der Vater dankte seinem Sohne, weil er ihm geholfen *hatte*.

Die Begründung gibt der augenblicklich Sprechende seinen Zuhörern von sich aus.
Der Vater selbst hat den Grund seines Dankes nicht genannt.
Der Satz lautet in direkter Rede:
(Der Vater sagte seinem Sohne:) »Ich danke dir.«
(oder:) »Danke schön.«

**2.** Wenn der Nebensatz innerlich abhängig ist, steht das Prädikat im Konjunktiv I.[2]
(Ich sage:)
Der Vater dankte seinem Sohne, weil er ihm geholfen *habe*.

Die Begründung gibt nicht der augenblicklich Sprechende, sondern das Subjekt des übergeordneten Satzes: der Vater selbst nennt den Grund seines Dankes.
Der Satz lautet in direkter Rede:
(Der Vater sagte seinem Sohne:) »Ich danke dir, weil du mir geholfen hast.«

**3.** Wenn der Konjunktiv I und der Indikativ gleich lauten, steht zur Bezeichnung der inneren Abhängigkeit als Ersatz des Konjunktivs I der Konjunktiv II.
Der Vater dankte seinen Söhnen, weil sie ihm geholfen *hätten*.

---

1) Dieser Konjunktiv wird auch coniunctivus obliquus (obliquer Konjunktiv) genannt.

2) Den Inhalt des innerlich abhängigen Nebensatzes kann auch eine andere Person als das Subjekt des übergeordneten Satzes sagen oder denken.
Der Sohn (Subj.) wurde von seinem Vater (a. B. Urheber) gelobt, weil er fleißig gewesen *sei*.

3) In abhängigen Begehrssätzen, Finalsätzen, irrealen Kondizionalsätzen und bedingenden Komparativsätzen steht das Prädikat im Konjunktiv. Daher ist in diesen Sätzen die innere Abhängigkeit nicht an dem Modus des Prädikates, sondern nur aus dem Zusammenhang erkennbar.

# Das Zeitverhältnis

Die Handlung des Nebensatzes hat zu der Handlung des übergeordneten Satzes ein zeitliches Verhältnis. Diesem Zeit-verhältnis folgt das Tempus des Prädikates im Nebensatz. Das Zeitverhältnis des Nebensatzes zum übergeordneten Satz wird ermittelt mit der Frage:

In welchem Zeitverhältnis steht die Handlung des Nebensatzes zu der Handlung des übergeordneten Satzes?

Die Handlung des Nebensatzes kann zu der Handlung des übergeordneten Satzes stehen im Verhältnis

**1.** der Gleich-zeitigkeit

Die Handlung des Nebensatzes ist der Handlung des übergeordneten Satzes gleich-zeitig.

Ich glaube, daß Karl arbeitet.

**2.** der Vor-zeitigkeit

Die Handlung des Nebensatzes geht der Handlung des übergeordneten Satzes voraus.

Ich glaube, daß Karl gearbeitet hat.

**3.** der Nach-zeitigkeit

Die Handlung des Nebensatzes folgt der Handlung des übergeordneten Satzes.

Ich glaube, daß Karl arbeiten wird.

Ein Zeitverhältnis zum übergeordneten Satz haben

**1.** die indikativischen Nebensätze

**2.** die konjunktivischen Nebensätze.

## 1. Das Zeitverhältnis der indikativischen Nebensätze

Für die Wahl des Tempus der Prädikate der indikativischen Nebensätze ist das Tempus des Prädikates des übergeordneten Satzes maßgebend.

### a) Nicht-Vergangenheit im übergeordneten Satz

Steht im übergeordneten Satz eine Nicht-Vergangenheit, d. h. Präsens, Perfekt[1], Futur oder Imperativ, dann steht im Nebensatz:

**1.** bei Gleichzeitigkeit der Ind. Präs. oder Perf.

Ich *glaube*, daß Karl *arbeitet*.
Sie *ist erschrocken* darüber, daß ihr Freund so dumm *ist*.
Wir *haben* das Spiel *gewonnen*, weil wir besser *sind*.
Ich *werde* traurig *sein*, wenn du fort *bist*.
*Denk* an mich, wenn ich fort *bin*!
Weil sie *erschrocken ist, fehlen* ihr die Worte.

---

1) Zum Perfekt als Nicht-vergangenheit vgl. S. 74.

**2.** bei Vorzeitigkeit der Ind. Perf., Fut. II oder Präs.

*Ich glaube*, daß Karl *gearbeitet hat.*
Ihr *fehlen* die Worte, weil sie *erschrocken ist.*
Die Mutter *ist erschrocken* darüber, daß ihr Kind *gelogen hat.*
Ich *werde kommen*, wenn ich meine Arbeit *erledigt habe.*[1]
*Komm*, wenn du deine Arbeit *erledigt hast*!
Wie du *gesät haben wirst, wirst* du *ernten.*
Wie du *säst, wirst* du *ernten.*[2]

**3.** bei Nachzeitigkeit der Ind. Fut. oder Präs.[3]

Ich *sage / werde sagen*, daß du nicht *kommen wirst.*
Ich *frühstücke*, bevor ich zur Arbeit *gehe.*
Ich *bin erschrocken* darüber, daß du nicht *kommen wirst.*
*Sage* mir, ob du *kommen wirst*!
*Sage* mir, ob du morgen *kommst*!

**b) Vergangenheit im übergeordneten Satz**

Steht im übergeordneten Satz eine Vergangenheit, d. h. Imperfekt, Perfekt oder Plusquamperfekt, dann steht im Nebensatz:

**1.** bei Gleichzeitigkeit der Ind. Impf. oder Plqpf.

Fritz *lag* im Bett, weil er krank *war.*
Wir *haben gewonnen*, weil wir besser *waren.*
Wir *hatten* zu spät *gemerkt*, daß wir schlechter *waren.*
Weil sie *erschrocken war, fehlten* ihr die Worte.

**2.** bei Vorzeitigkeit der Ind. Plqpf.

Ich *ging* zur Arbeit, als ich *gefrühstückt hatte.*
Wir *haben gewonnen*, weil wir uns gut *vorbereitet hatten.*
Weil sie *erschrocken war, fehlten* ihr die Worte.
Wir verpaßten den ersten Akt; denn wir *hatten* uns *verspätet*, weil uns der Bus vor der Nase *weggefahren war.*[4]

**3.** bei Nachzeitigkeit der Ind. Fut. oder Impf.

Karl *wußte / hat gewußt / hatte gewußt*, daß ihm niemand *helfen wird.*
Ich *frühstückte*, bevor ich zur Arbeit *ging.*

---

1) Hier steht im Nebensatz das Perfekt statt des Futurs II (vgl. S. 76).

2) Hier steht im Nebensatz das Präsens statt des Futurs II (vgl. S. 76).

3) Das Präsens steht meist, wenn eine adverbiale Bestimmung auf die Zukunft hinweist (vgl. S. 74 und 76).

4) Tempus-gleichheit muß nicht Gleich-zeitigkeit bedeuten.

## 2. Das Zeitverhältnis der konjunktivischen Nebensätze

Für die Wahl des Tempus der Prädikate der konjunktivischen Nebensätze hat das Tempus des Prädikates des übergeordneten Satzes keine Bedeutung.

### a) Konjunktiv I

**1.** Der Konj. Präs. bezeichnet die Gleichzeitigkeit.[1]

Ein Kreter sagt (sagte, hat gesagt, hatte gesagt, wird sagen), daß jeder Kreter *lüge*.

Wenn der Konj. Präs. und der Ind. Präs. gleich lauten, steht zur Bezeichnung der Gleichzeitigkeit statt des Konj. Präs. der Konj. Impf., auch dann, wenn der Konj. Impf. und der Ind. Impf. gleich lauten.[2]

Ein Kreter sagt (sagte, hat gesagt, hatte gesagt, wird sagen), daß alle Kreter *lögen*.

**2.** Der Konj. Perf. bezeichnet die Vorzeitigkeit.

Ein Kreter sagt (sagte, hat gesagt, hatte gesagt, wird sagen), daß jeder Kreter einmal *gelogen habe*.

Wenn der Konj. Perf. und der Ind. Perf. gleich lauten, steht zur Bezeichnung der Vorzeitigkeit statt des Konj. Perf. der Konj. Plqpf.

Ein Kreter sagt (sagte, hat gesagt, hatte gesagt, wird sagen), daß alle Kreter einmal *gelogen hätten*.

**3.** Der Konj. I des Futurs bezeichnet die Nachzeitigkeit.[1]

Ein Kreter sagt (sagte, hat gesagt, hatte gesagt, wird sagen), daß jeder Kreter einmal *lügen werde*.

Wenn der Konj. I des Futurs und der Ind. des Futurs gleich lauten, steht zur Bezeichnung der Nachzeitigkeit statt des Konj. I des Futurs der Konj. II des Futurs.

Ein Kreter sagt (sagte, hat gesagt, hatte gesagt, wird sagen), daß alle Kreter einmal *lügen würden*.

---

1a) In abhängigen Begehrssätzen und in Finalsätzen bezeichnet der Konj. Präs. die Nach-zeitigkeit.
Fritz wünscht(-e), daß sein Freund *komme*.
Der Boxer gab dem Gegner einen Kinnhaken, damit er *hinfalle*.

b) Wenn die Nachzeitigkeit aus dem Zusammenhang hervorgeht, steht statt des Konj. I des Futurs oft der Konj. Präs.
Paul glaubt, Fritz *sei* morgen in Köln.

2) Der Konj. II wird nicht mit »würde« umschrieben (auch wenn Konj. Impf. und Ind. Impf. gleich lauten).
Ein Kreter sagte, daß alle Kreter die Menschen gerne zum Narren *hielten*.

**b) Konjunktiv II**

**1.** als Begehren

Als Begehren bezeichnet der Konj. II
die Gleichzeitigkeit oder die Nachzeitigkeit.

Ich wollt', ich *wär'* ein Huhn.[1]
Ich wünschte, daß er *käme.*[1]

**2.** als Irrealis

Bei Irrealität bezeichnet

**a)** der Konj. Impf. die Gleichzeitigkeit

Er tut so,
Er tat so, } als *wäre* er krank.
Er wird so tun,

Wenn ich ein Vöglein *wär'*, flög' ich zu dir.

**b)** der Konj. Plqpf.

**1.** die Vorzeitigkeit

Er tut so,
Er tat so, } als *wäre* er krank *gewesen.*
Er wird so tun,

**2.** die Gleichzeitigkeit[2]

Wenn ich ein Vöglein *gewesen wäre*, wäre ich zu dir geflogen.

**3.** als Ersatz des Konj. I

Der Konjunktiv II ersetzt den Konjunktiv I, wenn der Konjunktiv I und der Indikativ gleich lauten.
Der Konjunktiv II hat dann denselben Sinn wie der Konj. I; daher ist sein Gebrauch in dem vorangehenden Kapitel (»Konjunktiv I«) dargelegt.

---

1) »Ich wollte« und »ich wünschte« sind hier Konj. Impf., nicht Ind. Impf. (vgl. S. 123).

2) Die Gleichzeitigkeit bezeichnet der Konj. Plqpf. nur zur Zeitstufe der Vergangenheit.

# Die indirekte Rede

Es gibt die direkte Rede und die in-direkte Rede.[1]

## Die direkte Rede

In der direkten Rede gibt der augenblicklich Sprechende jemandes Aussage wörtlich und grammatisch unabhängig wieder. Die Satzzeichen der direkten Rede sind Doppelpunkt[2] und Anführungszeichen.

| | | |
|---|---|---|
| (Ich sage:) | Karl sagt(-e): | »Fritz ist krank.« |
| ↑ | ↑ | ↓ |
| augenblicklich Sprechender (Zitierender) | Zitierter | Aussage des Zitierten, wörtlich, grammatisch unabhängig |

## Die in-direkte Rede

In der indirekten Rede gibt der augenblicklich Sprechende jemandes Rede nicht wörtlich (aber sinngetreu) wieder; die indirekte Rede ist grammatisch abhängig.

| | | |
|---|---|---|
| (Ich sage:) | Karl sagt(-e), | daß Fritz krank sei. |
| ↑ | ↑ | ↓ |
| augenblicklich Sprechender (Zitierender) | Zitierter | Aussage des Zitierten, nicht wörtlich, grammatisch abhängig |

In der indirekten Rede fällt die Konjunktion »daß« oft aus.
(Ich sage:) Karl sagt(-e), Fritz sei krank.

Jede direkte Rede läßt sich in in-direkte Rede umformen.
Für diese Umformung gelten folgende Regeln:

---

1) Die direkte Rede wird auch oratio recta, die in-direkte Rede auch oratio obliqua genannt.

2) Außer vor der direkten Rede steht der Doppelpunkt vor Ankündigungen, Aufzählungen, Folgerungen u. ä. Wenn auf den Doppelpunkt ein Satz folgt, kann der Satzanfang groß- oder kleingeschrieben werden.
Kinder wissen beim Spiel aus allem etwas zu machen: Ein / ein Stab wird zur Flinte, ein Stück Holz zum Degen, jedes Bündelchen zur Puppe und jeder Winkel zur Hütte.

**1. Das Pronomen in der indirekten Rede**

In der direkten Rede sind Personen und Sachen aus der Sicht des Zitierten gesehen, und aus seiner Sicht sind die Pronomina gesetzt.

| (Ich sage:) | Karl sagt(-e): | »*Ich* bin krank.« |
|---|---|---|
| ↑ | ↑ | ↑ |
| Zitierender | Zitierter | Person, gesehen aus der Sicht des *Zitierten* |

In der in-direkten Rede sind Personen und Sachen aus der Sicht des Zitierenden gesehen, und aus seiner Sicht sind die Pronomina gesetzt.

| (Ich sage:) | Karl sagt(-e), | *er* sei krank. |
|---|---|---|
| ↑ | ↑ | ↑ |
| Zitierender | Zitierter | Person, gesehen aus der Sicht des *Zitierenden* |

(Ich sage:)
Du sagtest mir: »*Ich* freue *mich* auf *deinen* Besuch.«
(Ich sage:)
Du sagtest mir, *du* freuest *dich* auf *meinen* Besuch.

**2. Der Modus in der indirekten Rede**[1]

**a)** An die Stelle des Indikativs der direkten Rede tritt in der indirekten Rede der Konjunktiv.[2]

**1.** Konjunktiv I

An die Stelle des Indikativs der direkten Rede tritt in der indirekten Rede der Konjunktiv I.

Es bezeichnet:

**1.** der Konj. Präs. die Gleichzeitigkeit
**2.** der Konj. Perf. die Vorzeitigkeit
**3.** der Konj. I des Futurs die Nachzeitigkeit[3].

---

1) Vgl. S. 123f. und 127f.

2) Diese Regel gilt für die Umformung der Hauptsätze und der Nebensätze der direkten Rede.
(Ich sage:)
Karl sagte: »Ich *bleibe* zu Hause, weil es *regnet*.«
(Ich sage:)
Karl sagte, er *bleibe* zu Hause, weil es *regne*.

3) Der Konjunktiv des Fut. I bezeichnet die Nachzeitigkeit einer Handlung.
Der Konjunktiv des Fut. II bezeichnet die Nachzeitigkeit eines Zustandes.
(Ich sage:)
Karl sagte: »Ich *werde* meine Arbeit bald *erledigen* / *erledigt haben*.«
(Ich sage:)
Karl sagte, er *werde* seine Arbeit bald *erledigen* / *erledigt haben*.

Konjunktiv Präsens

(Ich sage:)

Karl sagte: »Ich *bin* krank.«

(Ich sage:)

Karl sagte, er *sei* krank.

Konjunktiv Perfekt

(Ich sage:)

Karl sagte: »Ich *war* krank.«

(Ich sage:)

Karl sagte, er *sei* krank *gewesen*.

Konjunktiv I des Futurs

(Ich sage:)

Karl sagte: »Fritz *wird* bald gesund *sein*.«

(Ich sage:)

Karl sagte, Fritz *werde* bald gesund *sein*.

**2.** Konjunktiv II

Wenn der Konjunktiv I und der Indikativ gleich lauten, steht in der indirekten Rede statt des Konjunktivs I der Konjunktiv II. Der Konjunktiv II hat dann denselben Sinn wie der Konjunktiv I.[1]

Der Konj. Impf. steht für den Konj. Präs. und bezeichnet die Gleichzeitigkeit.

(Ich sage:)

Die Eltern sagten: »Morgen *stehen* wir früh auf.«

(Ich sage:)

Die Eltern sagten, morgen *stünden* sie früh auf.

Der Konj. Plqpf. steht für den Konj. Perf. und bezeichnet die Vorzeitigkeit.

(Ich sage:)

Die Eltern sagten: »Wir *haben* gut *gegessen*.«

(Ich sage:)

Die Eltern sagten, sie *hätten* gut *gegessen*.

Der Konj. II des Futurs steht für den Konj. I des Futurs und bezeichnet die Nachzeitigkeit.[2]

(Ich sage:)

Die Eltern sagten: »Wir *werden essen*.«

(Ich sage:)

Die Eltern sagten, sie *würden essen*.

1) Vgl. S. 127, Anm. 2.

2) Vgl. S. 130, Anm. 3.

**b)** Der Konjunktiv I der Hauptsätze der direkten Rede wird in der indirekten Rede durch das Modalverb »sollen« (im Konjunktiv) wiedergegeben.

(Ich sage:)

Die Leute riefen: »Hoch *lebe* der König!«

(Ich sage:)

Die Leute riefen, der König *solle* hochleben.

**c)** Der Konjunktiv I der Nebensätze der direkten Rede bleibt in der indirekten Rede erhalten.

(Ich sage:)

Der Vater sagte: »Ich habe meiner Tochter geholfen, damit sie rechtzeitig fertig *werde*.«

(Ich sage:)

Der Vater sagte, er habe seiner Tochter geholfen, damit sie rechtzeitig fertig *werde*.

**d)** Der Konjunktiv II der Hauptsätze und der Nebensätze der direkten Rede bleibt in der indirekten Rede erhalten.

(Ich sage:)

Karl sagte: »Wenn ich ein Vöglein *wär', flög'* ich zu dir.«

(Ich sage:)

Karl sagte, wenn er ein Vöglein *wär', flög'* er zu mir.

**e)** Der Imperativ der direkten Rede wird in der indirekten Rede durch »sollen« (im Konjunktiv) wiedergegeben.

(Ich sage:)

Karl sagte zu Fritz: »*Bring* mir ein Bier!«

(Ich sage:)

Karl sagte zu Fritz, er *solle* ihm ein Bier bringen.

# Das Satzgefüge

Ein Satz-gefüge[1] (eine Periode) besteht aus einem Hauptsatz und einem oder mehr Nebensätzen.
Nebensätze sind abhängige Sätze: sie sind einem Hauptsatz oder einem anderen Nebensatz untergeordnet.
Der Satz, von dem ein Nebensatz abhängt, ist ein übergeordneter Satz.

| | | |
|---|---|---|
| Ich weiß , | daß du nicht verstehst , | was ich sage . |
| H | N | N |
| Hauptsatz, den Nebensätzen übergeordnet | Nebensatz, dem Hauptsatz untergeordnet; dem zweiten Nebensatz übergeordnet | Nebensatz, dem ersten Nebensatz untergeordnet |

Die Abhängigkeiten der Nebensätze eines Satzgefüges lassen sich durch ein Satz-schema veranschaulichen.

Für ein Satzschema gilt:

**1.** Als Symbol wird gebraucht für einen Hauptsatz: H
für einen Nebensatz: N.

**2.** Die Sätze eines Satzgefüges werden entsprechend ihrer Reihenfolge gezählt, und die Zahl wird neben dem Satz-symbol angegeben.

**3.** Die über-geordneten Sätze stehen über den unter-geordneten.

**4.** Nebensätze, die un-mittelbar von einem Hauptsatz abhängen, sind Nebensätze 1. Grades; Nebensätze, die von einem Nebensatz 1. Grades abhängen, sind Nebensätze 2. Grades; usw.

**5.** Nebensätze desselben Abhängigkeitsgrades stehen im Satzschema in derselben Höhe.

**6.** Die Nebensätze werden nach drei Hinsichten bestimmt:
a) nach dem einleitenden Wort
b) als Satzteil des übergeordneten Satzes
c) vom Sinn her.[2]

---

1) Vom Satz-gefüge unterscheidet man die Satz-reihe: sie besteht aus zwei oder mehr Hauptsätzen.
Der König rief, und alle kamen.

2) Relativsätze, die nicht Lokalsätze sind, werden nur nach dem einleitenden Wort und als Satzteil des übergeordneten Satzes bestimmt.

(1) Ein Hund,
(2) der stirbt
(3) und der weiß,
(4) daß er stirbt wie ein Hund,
(5) und der sagen kann,
(6) daß er weiß,
(7) daß er stirbt wie ein Hund,
(1) ist ein Mensch.[1]

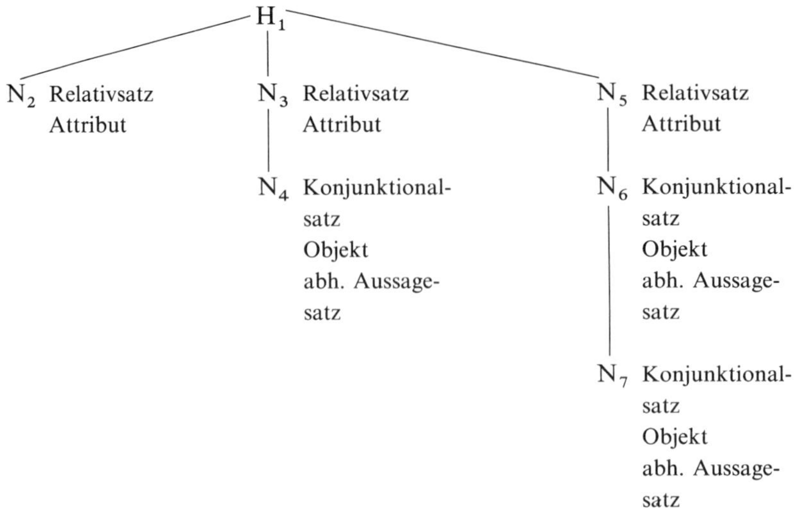


(1) Wer Orden nötig hat,
(2) beweist nur,
(3) daß er sie nicht verdient,
(4) und wer sie verdient,
(5) hat sie nicht nötig.

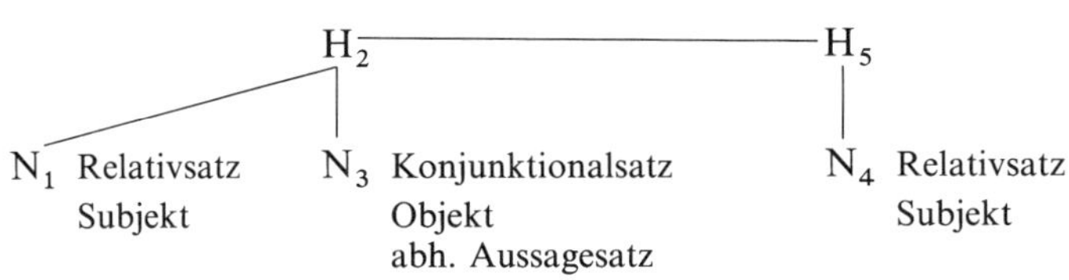


1) Unterstrichen werden: a) die Prädikate
b) die Hauptsätze.
Unterstrichelt werden die Subjekte (jedoch nicht die Subjektsätze).

# Zeichensetzung

Die Satzzeichen verdeutlichen den Sinn des Gesagten, indem sie es gliedern und dem Lesenden Pausen und Stimmführung anzeigen.
Satzzeichen stehen am Ende oder innerhalb der Sätze.

| | | |
|---|---|---|
| Sie kommen mit | Vater liest ein Buch | Er will sie nicht |
| Sie kommen mit | Vater liest ein Buch | Er will sie nicht |
| Sie kommen mit | Vater liest ein Buch | Er will sie nicht |

Die Ehre nicht der Reichtum ist das höchste Gut
Der Reichtum nicht die Ehre ist das höchste Gut

Alles Schlechte wünsch' ich dir
Fern vom Halse bleibe mir
Alles Unheil treffe dich
Niemals aber denk an mich!

Ein armer Mann in meinem Land
Hat zehen Finger an einer Hand
Fünf und zwanzig an Füßen und Händen.
Wer kann mein Rätsel legen oder wenden?

Der Dummkopf sagt
der Denker sei nichts nütze
der Denker sagt
der Dummkopf sei ein Tor;
doch wer was sagt
das bringe erst hervor!

## 1. Punkt, Fragezeichen, Ausrufezeichen

Es steht am Ende eines Aussagesatzes ein Punkt,
am Ende eines Fragesatzes ein Fragezeichen,
am Ende eines Begehrssatzes
und eines Ausrufesatzes ein Ausrufezeichen.[1]

Dasselbe gilt für Satzreihen[2] und Satzgefüge. Die Art des Satzzeichens am Ende eines Satzgefüges richtet sich nach der Art des Hauptsatzes.

Er fragte sich, was er tun solle.
Fragte er sich, was er tun solle?
Frage dich selbst, was du tun sollst!

---

1) Vgl. S. 105f.; zum Doppelpunkt vgl. S. 129, Anm. 2.

2) Wenn ein Punkt die Hauptsätze zu stark, aber ein Komma sie zu schwach trennte, steht ein Strichpunkt (Semikolon). Das ist häufig der Fall, wenn ein Hauptsatz durch koordinierende Konjunktionen wie »denn, doch, nämlich« oder durch Adverbien wie »daher, deswegen, darum, deshalb« angeschlossen wird (vgl. Anm. zu Kommaregel 9, S. 140).
Franz suchte einen Arzt auf; denn er war krank.
Franz war krank; daher / deswegen / darum suchte er einen Arzt auf.
Franz wollte gesund werden; deshalb suchte er einen Arzt auf.

## 2. Das Komma

| Regel | Beispiel |
| --- | --- |
| **1. Gleichartige Satzteile** | |
| **a)** Das Komma trennt gleichartige Satzteile, wenn sie nicht durch folgende Konjunktionen verbunden sind: »und, oder, bzw., (so-)wie, sowohl – als auch, entweder – oder, weder – noch«. | Alles rennet, rettet, flüchtet. |
| **b)** Das Komma trennt auch Nebensätze gleichen Grades, wenn sie nicht durch die oben genannten Konjunktionen verbunden sind.[1] | Ich erwarte, daß er kommt, daß er uns hilft und daß er nicht lange auf sich warten läßt. |
| **c)** Das Komma trennt gleichartige Satzteile, wenn folgende adversative Konjunktionen sie verbinden: »aber, sondern, hingegen, indes, (je-)doch, allein, vielmehr«. | Er ist streng, aber gerecht. Sein Unglück ist bedauernswert, unverschuldet jedoch nicht. |
| **2. Untergeordnete Sätze** | |
| Das Komma trennt untergeordnete Sätze von übergeordneten Sätzen. | Ich habe manchen Gedanken, den ich nicht in Worte fassen könnte, in Worten gefaßt. Der Gedankenlose versteht nicht, daß in Wahrheit nur der einen Gedanken hat, der das Wort hat, in das der Gedanke hineinwächst. |

1) Nebensätze gleichen Grades sind oft (s. o.), aber nicht immer gleichartige Satzteile.
Ich denke immer, wenn ich einen Druckfehler sehe, es sei etwas Neues erfunden.

**3. Infinitiv mit »zu«**

**a)** adverbiale Infinitive

Das Komma trennt die Infinitive mit

»um – zu
ohne – zu,
anstatt – zu,
als – zu,
wie – zu«.

Ich ging in den Wald, um Pilze zu suchen.
Ohne sich umzublicken, verließ er den Saal.
Max faulenzte, anstatt zu arbeiten.
Student zu sein ist besser, als nicht Student zu sein.
Student zu sein ist genauso gut, wie nicht Student zu sein.

**b)** erweiterter Infinitiv

Das Komma trennt den erweiterten Infinitiv mit »zu«.[1]

Er riet mir, sorgfältig zu lesen.
Der Lehrer bat die Schüler, sich ruhig zu verhalten, und verließ den Raum.
Der Richter forderte den Zeugen auf, zu sagen, was er von der Sache wisse.
Werke der Kunst zu deuten, halten viele für schwierig.
Sein Wunsch, noch lange Jahre mit seiner Frau zu verleben, erfüllte sich.
Ich riet, ihm zu helfen.
Die Arbeiter vereinbarten, am Abend zu streiken.

Die zusammengesetzten Infinitive (der Inf. Perf. Akt. und die Infinitive des Passivs) und die Infinitive mit Prädikatsnomen werden auch dann durch ein Komma abgetrennt, wenn sie nicht erweitert sind.

Ich erinnere mich, widersprochen zu haben.
Ich erinnere mich, gelaufen zu sein.
Er wünschte sich, eingeladen zu werden.
Er war der Überzeugung, verraten (worden) zu sein.
Er riet mir, Lehrer zu werden.
Er hatte keine Lust, Lehrer zu werden.

---

1) Kein Komma trennt den erweiterten Infinitiv mit »zu«,

a) wenn er von einem Modalverb (s. S. 10ff.) abhängt
Er pflegt uns jeden Sonntag zu besuchen.
Mit des Geschickes Mächten ist kein ewiger Bund zu flechten.

b) wenn er und die von ihm abhängigen Satzteile nicht unmittelbar bei einander stehen (sog. Verschränkung)
oder wenn er zwischen den Teilen eines mehrteiligen Prädikates, von dem er abhängt, steht.
(Er riet mir, das Werk sorgfältig zu lesen.)
Das Werk riet er mir sorgfältig zu lesen.
Er hat mir das Werk sorgfältig zu lesen geraten.

**c)** Infinitiv als Subjekt

Das Komma trennt den Infinitiv mit »zu«, wenn er Subjekt ist und dem Prädikat folgt.

Es wird dir guttun, auszuruhen.

Kein Komma steht, wenn er dem Prädikat vorangeht.

Werke der Kunst zu deuten ist schwierig.

**d)** Doppeldeutigkeit

Das Komma trennt den Infinitiv mit »zu«, wenn Mißverständnisse möglich sind.

Ich riet ihm, zu helfen.
Die Arbeiter vereinbarten am Abend, zu streiken.

**e)** Infinitiv nach den modalisierenden Verben[1]

»glauben, hoffen, wünschen, fürchten, bitten, verlangen, (ver-)suchen, anfangen, beginnen, aufhören, sich gestatten, erlauben, beschließen, wagen, (ge-) denken, verdienen« u. a. m.

Nach diesen Verben

**1.** kann den Infinitiv ein Komma trennen, wenn er selbst erweitert ist;

Er glaubte (,) mich mit diesen Einwänden zu widerlegen.

**2.** muß den Infinitiv ein Komma trennen, wenn diese Verben erweitert sind.

Er glaubte fest, mich mit diesen Einwänden zu widerlegen.

**4. Partizip und Adjektiv**

**a)** Das Komma trennt unflektierte Partizipien und Adjektive, wenn sie durch mehr als *ein* Wort erweitert sind.

Aller Hilfsmittel beraubt, verlor er den Mut nicht.
Seine Hand, rot von Blut, war gräßlich anzusehen.

---

1) Modalisierend sind Verben dann, wenn sie einen Infinitiv mit »zu« bei sich haben und das Subjekt des Satzes logisch zugleich Subjekt der im Infinitiv genannten Handlung ist. Der Infinitiv läßt sich in einen abhängigen Aussagesatz umformen; dabei wird das Subjekt des übergeordneten Satzes auch zum Subjekt des abhängigen Aussagesatzes, und der Infinitiv wird zum Prädikat.
Ich hoffe (,) dich überzeugt zu haben.
Ich hoffe , daß ich dich überzeugt habe .

| | |
|---|---|
| **b)** Das Komma trennt die Erweiterungen ausgesparter Partizipien. Meist[1] läßt sich ergänzen:<br>habend, haltend;<br>seiend, gewesen;<br>werdend, geworden. | Die Waffe in der Hand (haltend), stürzte er in die Schlacht.<br>Rheinländerin von Geblüt und Mundart (seiend), hatte Rosalie die Jahre ihrer Ehe in Duisburg verbracht.<br>Allmählich kühner (werdend / geworden), begann er zu pfeifen. |
| **5. Verkürzte Sätze**<br>Für verkürzte Hauptsätze und verkürzte Nebensätze gelten dieselben Kommaregeln wie für vollständige Sätze. | (Es ist) Möglich, daß er kommt.<br>Ich werde, falls (es) nötig (ist), kommen. |
| **6. Anrede und Interjektion**<br>Anreden[2] müssen,<br>Interjektionen können durch Kommata abgetrennt werden. | Lieber Karl,<br>über Deinen Brief habe ich mich ...<br>Was hat man dir, du armes Kind, getan?<br>Ach (,) das ist schade! |
| **7. Apposition**<br>Das Komma trennt nachgestellte Appositionen (einschließlich ihrer Attribute), Beinamen jedoch nicht. | Der Löwe, der König der Tiere, empfing seinen Hofstaat.<br>Karl der Große wurde im Jahre 800 zum Kaiser gekrönt. |
| **8. Erläuterungen**<br>Das Komma trennt Erläuterungen, die eingeleitet werden durch:<br>»also, wie, z. B., u. a., und zwar, nämlich, namentlich, vor allem, besonders, insbesondere, d. i., d. h., und d. h., und das« u. ä. | Er liebte die Musik, namentlich die Lieder Schuberts, seit seiner Jugend. |

1) Bei Datums-angaben läßt sich das Part. Perf. Pass. »gegeben« (lat. »datum«) ergänzen.
Weimar, (sc. gegeben) den 17. März 1832

2) Hinter der Anrede im Brief kann auch ein Ausrufezeichen stehen:
Sehr geehrter Herr Kraus!
Über Ihren Brief ...

**9. Hauptsätze**

**a)** nicht durch Konjunktion verbunden

Das Komma trennt eng zusammenhängende Hauptsätze.[1]

Der Mensch denkt, Gott lenkt.
Ich kam, ich sah, ich siegte.

**b)** durch Konjunktion verbunden

Das Komma trennt Hauptsätze und Satzgefüge, die eine Konjunktion verbindet.[1]

Sie arbeiten hart, und sie kommen auf keinen grünen Zweig.
Kommst du, oder kommst du nicht?
Fünf mal acht ist vierzig, und wer's nicht glaubt, der irrt sich.

Ein Komma trennt verbundene Hauptsätze jedoch nicht, wenn sie einen Satzteil gemein haben.

Wir aßen und wir tranken das Allerbeste.
Mutter arbeitete und Karlchen spielte im Garten.

**10. Herausgehobene Satzteile**

**a)** Das Komma steht nach Satzteilen, die durch ein Pronomen oder ein Adverb aufgenommen werden.

Sich selbst zu besiegen, das ist der schönste Sieg.
Am Brunnen vor dem Tore, da steht ein Lindenbaum.

**b)** Das Komma trennt Satzteile, die der Betonung wegen nicht die gewöhnliche Stellung haben, sondern nachgestellt sind.

Er schritt die Stufen hinab, ruhig und würdevoll.

**11. Parenthese und Klammer**

**a)** Kommata statt Parenthese oder Klammer[2]

Kommata können statt einer Parenthese oder einer Klammer stehen.

Gestern trat, das konnte niemand erwarten, eine Wende ein.

---

1) Zu den Konjunktionen s. Regel 1a und c.
Wenn ein Komma die Hauptsätze zu schwach, aber ein Punkt sie zu stark trennte, steht ein Strichpunkt (vgl. S. 135).
»Der Klügere gibt nach« – ein unsterbliches Wort; (denn) es begründet die Weltherrschaft der Dummheit!

2) In Klammern oder in Parenthese steht solches, was für das Verständnis entbehrlich, aber nicht ganz unwichtig ist und was weggelassen werden kann, ohne daß der Sinn entstellt und die Satzkonstruktion beeinträchtigt wird. – Klammern trennen stärker als Parenthesen, Parenthesen stärker als Kommata. Wer noch stärker als durch Klammern trennen will, kann die Zufügung in eine Anmerkung bringen.

**b)** Komma bei Parenthese oder Klammer

Vor einer Parenthese oder einer Klammer steht kein Komma. Hinter einer Parenthese oder einer Klammer

**1.** steht kein Komma, wenn auch ohne das in Parenthese oder in Klammer Stehende kein Komma stünde;

Philipp verließ (im Unterschied von seinem Vater, welcher vierzig weite Reisen unternommen hatte) Spanien nicht mehr.

**2.** steht ein Komma, wenn auch ohne das in Parenthese oder in Klammer Stehende ein Komma stünde.

Wenn wir einen Nebengedanken einschieben – und manchmal ist es angebracht –, sollten wir dem Leser das Verständnis durch eine Parenthese erleichtern.

## 3. Die Anführungszeichen

**a)** In Anführungszeichen stehen

**1.** wörtliche (direkte) Rede[1]

Karl sagte: »Fritz ist krank.«

**2.** Textstellen als Zitate[2]

Manch einer ist »ein Narr auf eigene Hand«.

**3.** Titel[2]

Karl studiert eifrig Goethes »Faust«.

**4.** Wörter als Wörter (d.h. nicht als Bezeichnungen)[2]

(Das Wort) »Liebe« ist ein Substantiv.
(Aber: Liebe ist eine Leidenschaft.)

**5.** mit Vorbehalt Gesagtes[2]

Wir warteten auf unseren »treuen Freund«.

**b)** Anführungszeichen in Verbindung mit anderen Satzzeichen stehen

**1.** in Aussagesätzen

Karl sagt: »Fritz ist krank.«
»Fritz ist krank«, sagt Karl.
»Fritz«, sagt Karl, »ist krank.«
Als Karl sagte: »Fritz ist krank«, waren alle überrascht.[3]

---

1) Wörtlich wiedergegebene Gedanken werden (im Unterschied von wörtlich wiedergegebener Rede) manchmal in halbe Anführungszeichen gesetzt.
»Das Bier schmeckt wunderbar«, sagte Karl und dachte: ›Wenn es nur nicht so unverschämt teuer wäre!‹

2) Was außerhalb einer wörtlichen Rede in Anführungszeichen steht, wird innerhalb einer wörtlichen Rede in halbe Anführungszeichen gesetzt.
Karl sagt: »Ich habe mich mit Goethes ›Faust‹ beschäftigt.«

3) Das Komma steht manchmal anstelle eines Punktes, nie aber anstelle eines Fragezeichens oder eines Ausrufezeichens. Daher entfällt in der direkten Rede am Satzende der Punkt vor dem Komma, das die direkte Rede von dem Folgenden trennt, nicht aber entfallen Fragezeichen und Ausrufezeichen.

**2.** in Fragesätzen

Karl fragte: »Ist Fritz krank?«
»Ist Fritz krank?« fragte Karl.
Als Karl fragte: »Ist Fritz krank?«, waren alle überrascht.

**3.** in Begehrssätzen und Ausrufesätzen

Sie rief: »Verlaß mich nicht!«
»Verlaß mich nicht!« rief sie verzweifelt.
Als Emma »Verlaß mich nicht!« rief, war Karl schon weit weg.
Als Emma rief: »Verlaß mich nicht!«, war Karl schon weit weg.
Schrei doch nicht immer »Verlaß mich nicht!«!

## 4. Der Gedankenstrich

Der Gedankenstrich steht

**a)** bei einem Wechsel der Sprechenden

»Mein Sohn, was birgst du so bang dein Gesicht?« –
»Siehst, Vater, du den Erlkönig nicht?«

**b)** wenn etwas als unerwartet oder wichtig hervorgehoben werden soll

Die Laster stritten, wer von ihnen am eifrigsten gewesen sei, dem Bösen in der Welt zu dienen; den Sieg erhielt – die Heuchelei.

**c)** manchmal vor einem Hauptsatz, der am Ende eines längeren Satzgefüges steht

Und wenn Sie dann noch nicht erkannt haben, daß Sie durch Ihre Geburt in eine Mördergrube geraten sind und daß eine Menschheit, die noch das Blut schändet, das sie vergossen hat, durch und durch aus Schufterei zusammengesetzt ist und daß es vor ihr kein Entrinnen gibt und gegen sie keine Hilfe – dann hol' Sie der Teufel nach einem Schlachtfeld par excellence!

**d)** zwischen Hauptsätzen, die ein stärkeres Satzzeichen als Punkt, Fragezeichen oder Ausrufezeichen verlangen, aber weniger als einen Absatz

**e)** wenn der Sprechende plötzlich verstummt.

Licht : Ihr stammt von einem lockern Ältervater,
Der so beim Anbeginn der Dinge fiel,
Und wegen seines Falls berühmt geworden;
Ihr seid doch nicht – ?
Adam: Nun?
Licht : Gleichfalls – ?
Adam: Ob ich – ? Ich glaube – !
Hier bin ich hingefallen, sag ich Euch.

# Anhang

# Die Wortanordnung

Die Wort-an-ordnung dient dazu,
den Satz-bau und die Wort-beziehungen zu veranschaulichen
und so den Sinn zu verdeutlichen.
Zu diesem Zwecke werden die Worte und die Satzzeichen (eines Satzes oder mehrerer Sätze) so angeordnet, daß die einander entsprechenden Worte und Satzzeichen unter einander zu stehen kommen.
Die Worte können einander entsprechen:

**1.** grammatisch,
d.h. in Hinsicht auf Satzteil, Wortart, Wortform;

**2.** inhaltlich,
d.h. in Hinsicht auf ihre Bedeutung[1].

Nach diesen Hinsichten lassen sich die Worte unter einander anordnen. Die Hinsichten der Entsprechung sind also die Hinsichten der Anordnung.
Die Anordnungshinsichten (Satzteil, Wortart, Wortform; Bedeutung) schließen einander nicht aus; die sich aus ihnen ergebenden Wortanordnungen können mit einander übereinstimmen, jedoch auch von einander abweichen.
Wenn bei der Wortanordnung Lücken entstehen, dann gilt:

| | |
|---|---|
| entweder | muß grammatisch und inhaltlich Entsprechendes aus dem Vorangehenden oder aus dem Folgenden in die Lücke übernommen werden; |
| oder | es darf nichts aus dem Vorangehenden und aus dem Folgenden übernommen werden; die Auslassung wird durch einen waagerechten Strich gekennzeichnet. |

Beispiele:

**1.** Übereinstimmung der Anordnungshinsichten
Die Mutter arbeitete in der Küche, und Karlchen spielte in der Diele.

| | | | | |
|---|---|---|---|---|
| | Die | Mutter | arbeitete | in der Küche, |
| und | | Karlchen | spielte | in der Diele. |

1) In Hinsicht auf die Bedeutung entsprechen die Worte einander
entweder, insofern sie Unterschiedliches oder Gegensätzliches
oder , insofern sie Ähnliches oder Selbiges benennen.

**2.** Übereinstimmung und Abweichung der Anordnungshinsichten

Eine feine Seele bedrückt es, sich jemanden zu Dank verpflichtet zu wissen; eine grobe, sich jemandem.[1]

a) Eine feine Seele bedrückt es , sich jemanden zu Dank verpflichtet zu wissen;<br>
eine grobe , sich jemandem .

b) … sich jemanden …<br>
… sich jemandem …

c) … sich jemanden …<br>
… sich jemandem …

d) … sich jemanden …<br>
… sich jemandem …

(Aus der ersten Zeile muß in die Lücken der zweiten Zeile das grammatisch und inhaltlich Entsprechende übernommen werden.
Die unter einander stehenden Worte »sich (DO) – sich (AO)« und »jemanden (AO) – jemandem (DO)« entsprechen einander in Hinsicht auf Wortart und Bedeutung, aber nicht in Hinsicht auf Wortform und Satzteil.
Die Entsprechung in Hinsicht auf Wortart und Bedeutung ist in der Anordnung »a« durch Untereinanderschreiben veranschaulicht.
In den Anordnungen »b« und »c« ist die Entsprechung in Hinsicht auf Wortform und Satzteil durch Untereinanderschreiben veranschaulicht.
In der Anordnung »d« sind beide Entsprechungen veranschaulicht:
die Entsprechung in Hinsicht auf Wortart und Bedeutung durch Untereinanderschreiben,
die Entsprechung in Hinsicht auf Wortform und Satzteil durch die Strichverbindungen.)

**3.** Lücken bei der Wortanordnung

Die Sprache ist die Mutter, nicht die Magd des Gedankens.

Die Sprache ist ——— die Mutter ,<br>
nicht die Magd des Gedankens.

(In die erste Lücke darf nichts ,<br>
in die zweite muß etwas aus dem Folgenden ,<br>
in die dritte etwas aus dem Vorangehenden übernommen werden.)

---

1) Das Reflexivpronomen »sich« ist in Hinsicht auf den Kasus doppel-deutig: es kann Dativ oder Akkusativ sein.
Die reflexiv gebrauchten Personalpronomina der 1. und der 2. Pers. Sg. sind jedoch in Hinsicht auf den Kasus eindeutig und verdeutlichen bei einer entsprechenden Umformung des Beispielsatzes, was das Reflexivpronomen »sich« als Wortform und als Satzteil ist.
»Mich als feine Seele bedrückte es, *mir* jemanden zu Dank verpflichtet zu wissen; mich als grobe, *mich* jemandem.«

# Die Wortbildung

Die Wörter lassen sich nach der Weise, in der sie gebildet sind, einteilen in:

**1.** Wurzelwörter
Wurzelwörter sind Wörter, die nur aus der Wurzel bestehen.
Haus, Raub

**2.** zusammengesetzte Wörter
Zusammengesetzte Wörter sind Wörter, die aus zwei oder mehr Wörtern zusammengesetzt sind.
Haus-tür, Raub-tier, Arm-band-uhr

**3.** abgeleitete Wörter
Abgeleitete Wörter sind Wörter, die von anderen Wörtern abgeleitet sind.
Häus-chen, Räub-er

## Die Bestandteile eines Wortes

Ein Wort besteht aus *einer* Silbe oder mehr Silben.
du, auf, Sicht, schrumpfst
unter, Lampe, Gewitter, zusammenkommen

Es gibt zwei Arten von Silben:
Sprech-silben
und Sprach-silben.

**1. Die Sprechsilben**
Die Sprechsilbe ist die kleinste Sprech-einheit eines Wortes. In einer Sprechsilbe werden Laute zu einer Einheit zusammengefaßt.[1]
Lob, lo-ben
In Sprechsilben gliedert sich ein Wort bei langsamem Sprechen.
Er-kun-di-gung
Ein Wort nach Sprechsilben zerlegen heißt trennen.
Er-kun-di-gung
Eine Silbe besteht
aus einem Vokal: o
aus einem Diphthong: au
aus Vokal und Konsonant(-en): an, auf, bei, ach, Sicht, schrumpfst

Eine Silbe ist offen oder geschlossen.
Offen ist eine Silbe, wenn sie auf Vokal endet.
so, da, schau, Bau
Geschlossen ist eine Silbe, wenn sie auf Konsonant(-en) endet.
in, oft, Sicht, schrumpfst

---

1) »Silbe« ist ein Lehnwort aus dem Griechischen und bedeutet eigentlich »Zusammenfassung«.

Betonung einer Silbe
Eine Silbe ist betont oder un-betont.
hö-ren, Ge-hör, Lade-hemmung, zusammen-kommen

Dauer einer Silbe
Eine Silbe ist lang oder kurz.
Höhle – Hölle, bieten – bitten, Schoß – schoß, Weg – weg, ich raste – ich raste

**2. Die Sprachsilben**

Die Sprachsilben sind diejenigen Teile eines Wortes, die eine eigene Bedeutung haben und dem Wort eine Bedeutung geben.
Ein Wort nach Sprachsilben zerlegen heißt abteilen.
Sprachsilben sind:
a) die Wurzel des Wortes: Raub
b) der Stamm des Wortes: Raub, Räuber
c) Suffix: Räub-er
d) Präfix: be-rauben
e) die Flexionsendung des Wortes: Raub-es

**Die Wurzel**

Die Wurzel ist derjenige Teil eines Wortes, der den Wortbegriff trägt. Die Wurzel ist allen Wörtern einer Wortfamilie gemein und trägt die Grund-bedeutung der Wortfamilie. Eine Wortfamilie bilden diejenigen Wörter, die von einer gemeinsamen Wurzel abstammen.

Wurzel-wörter und aus Wurzelwörtern abgeleitete Wörter haben *eine* Wurzel.

Raub
Räub-er
räub -er-isch
raub -en
be-raub -en
Be-raub -ung

Zusammengesetzte Wörter und aus zusammengesetzten Wörtern abgeleitete Wörter haben zwei oder mehr Wurzeln.

Raub-tier
raub -tier-haft
Raub-gier
raub -gier-ig
Arm-band-uhr

**Der Stamm**

Der Stamm ist derjenige Teil eines Wortes, der allen Formen eines Wortes gemein ist.

| | | |
|---|---|---|
| Raub | raub-en | räuberisch |
| Raub-es | raub-e | räuberisch-e |
| Raub-e | raub-st | räuberisch-es |

**Präfix und Suffix**[1]

Prä-fixe (Vor-silben) und Suf-fixe (Nach-silben) sind Bilde-silben; mit ihnen werden Wörter gebildet.

| | | |
|---|---|---|
| Raub | Räuber | rauben |
| Räub-er | räuber-isch | be-rauben |

**Die Flexionsendung**

Die Flexions-endung ist derjenige Teil eines Wortes, der die Flexions-form eines Wortes bezeichnet und so die Beziehung des Wortes im Satz festlegt.

Es gibt die Flexionsendungen der Nomina (Deklinations -endungen)
und die Flexionsendungen der Verba (Konjugations-endungen).

| | | |
|---|---|---|
| Raub-es | räuberisch-e | raub-e |
| Raub-e | räuberisch-es | raub-st |

**Silben**

| **Sprech-silben** | **Sprach-silben** |
|---|---|
| Wort-bil-dungs-leh-re | Wort-bild-ung-s-lehr-e |
| Er-kun-di-gung | Er-kund-ig-ung |
| Ei-nig-keit | Ein-ig-keit |
| Leh-re-rin | Lehr-er-in |

## Zusammensetzung und Ableitung

Zusammen-setzung (Kom-position) und Ab-leitung (De-rivation) sind die beiden Weisen, auf die sich von anderen Wörtern neue Wörter bilden lassen.

## Die Zusammensetzung

**1. Die Zusammensetzung**

In der Zusammensetzung sind zwei oder mehr selbständige Wörter zu *einem* neuen Wort zusammengesetzt.

| | | |
|---|---|---|
| Preis-liste | < | Preis + Liste |
| preis-wert | < | Preis + wert |
| vor-lesen | < | vor + lesen |

1) »Prä-fix« kommt von lat. »prae-figere« (vorne anheften);
»Suf-fix« kommt von lat. »suf -figere« (hinten anheften).

Ein zusammen-gesetztes Wort heißt Kom-positum.[1]
Ein Kompositum besteht aus zwei Teilen:
aus dem Grund-wort
und aus dem Bestimmungs-wort.
Das Grund-wort ist das zweite Glied des Kompositums;
das Bestimmungs-wort ist das erste Glied des Kompositums.

| | | |
|---|---|---|
| Preis | – | liste |
| Arm-band | – | uhr |
| Stadt | – | spar-kasse |
| ↑ Bestimmungs-wort | | ↑ Grund-wort |

Das Grund-wort[2] wird durch das Bestimmungs-wort näher bestimmt.
Keller-tür, Garten-tür, Haus-tür
dienst-fähig, arbeits-fähig, trag-fähig
auf-werfen, um-werfen, hinein-werfen

Das Grund-wort bestimmt die Wort-art des Kompositums.

| | | | | |
|---|---|---|---|---|
| Preis-liste | (Substantiv) | < | Preis + Liste | (Subst. + Subst.) |
| preis-wert | (Adjektiv) | < | Preis + wert | (Subst. + Adj.) |
| vor-lesen | (Verb) | < | vor + lesen | (Präp. + Verb) |

Das substantivische Kompositum hat das Genus des Grund-wortes.

die Hof-tür ← der Hof / die Tür

Zusammengesetzte Adjektive enthalten oft einen Vergleich.[3]

| | | |
|---|---|---|
| blitz-schnell | = | schnell wie ein Blitz |
| feder-leicht | = | leicht wie eine Feder |
| turm-hoch | = | hoch wie ein Turm |

1) Ein nicht-zusammengesetztes Wort heißt Simplex (Pl. Simplicia).
Simplex: Gabe, geben
Kompositum: Ab-gabe , ab-geben

2) Es gibt zusammengesetzte Adjektive, deren Grundwort alleine nicht vorkommt.
ein-deutig, viel-seitig, leicht-füßig, lang-wierig, ab-trünnig

3) Der Vergleich wird jedoch oft nicht mehr empfunden; dann verstärkt das erste Glied nur das zweite Glied.
mause-tot, hunde-müde, blut-jung, blitz-blank, nagel-neu

**2. Die Wortfuge**

Die Stelle, an der die Teile eines Kompositums zusammengefügt sind, heißt Wort-fuge oder Kompositions-fuge.

Preis-liste
↑
Wortfuge

Die Teile eines Kompositums können un-verbunden oder durch einen Verbindungs-laut verbunden sein.

Haus-tür, Land-tag, Rat-haus, Trink-halle
farb-echt, eis-kalt, turm-hoch, feder-leicht

Verbindungslaute sind »-e-, -en-, -er-, -n-, -(e)s-«.[1]

| | |
|---|---|
| »-e-« | Meld-e-amt, Lieg-e-kur, les-e-hungrig |
| »-en-« | Held-en-tat |
| »-er-« | Rind-er-zunge, kind-er-lieb |
| »-n-« | Sonne-n-schein, seele-n-ruhig |
| »-(e)s-« | Gott-es-furcht, Rat-s-herr, ort-s-kundig |

Viele Komposita haben einen Verbindungslaut, in vielen fehlt er.

| | | |
|---|---|---|
| Zeitung-s-träger | – | Brief-träger |
| Bürger-s-frau | – | Arbeiter-frau |
| Büch-er-freund | – | Buch-laden |
| Les-e-zimmer | – | Schreib-zimmer |
| Kirche-n-glocke | – | Kirch-turm |

In einigen Komposita ändert sich durch den Verbindungslaut die Bedeutung.

| | |
|---|---|
| Wasser - not | (zu wenig Wasser) |
| Wasser-s-not | (zu viel Wasser) |
| Land - mann | (Bauer) |
| Land-s-mann | (jemand aus demselben Land) |

**3. Die Arten der Komposita**

Es gibt drei Arten von Komposita:

**a)** nominale Komposita
**b)** verbale Komposita
**c)** unveränderbare Komposita

---

1) Ursprünglich waren »-(e)s-, -er-, -(e)n-« Endungen des Genetivs.

| | | | |
|---|---|---|---|
| »-(e)s-« | Land-es-grenze | = | Grenze des Landes |
| »-er-« | Bild-er-buch | = | Buch der Bilder |
| »-(e)n-« | war die Endung der Feminina der schwachen Deklination im Gen. Sg.: Linde-n-blatt, Sonne-n-schein | | |

Heute ist »-(e)s-« oft nur ein Verbindungslaut:
Wander-s-mann, Liebe-s-dienst, Hochzeit-s-tag

Verbindungslaute lassen sich also auf zwei Weisen erklären:
historisch und durch Analogie.

**a) Die nominalen Komposita**

Die nominalen Komposita werden nach der gegenseitigen Beziehung ihrer Glieder unterschieden.

Es gibt drei Arten nominaler Komposita:

**1.** Determinativ-komposita
**2.** Kopulativ -komposita
**3.** Possessiv -komposita

**1.** Die Determinativkomposita

In den Determinativkomposita wird das Grund-wort durch das Bestimmungs-wort näher bestimmt (determiniert).

Bier-faß, Faß-bier, Regen-schirm, Tisch-decke
Eng-paß, Flach-land
Mahn-zettel, Schreib-tisch
Mit-bruder, Über-macht, Vor-sicht

**2.** Die Kopulativkomposita

In den Kopulativkomposita (Reihen-wörter) ist das Bestimmungs-wort dem Grund-wort fast gleichrangig.

Prinz-regent, Prinz-gemahl, Königin-mutter
Strich-punkt
drei-zehn, neun-zehn
bitter-süß, taub-stumm, hell-dunkel, rot-gelb

**3.** Die Possessivkomposita

Die Possessivkomposita bezeichnen einen charakteristischen Teil oder eine charakteristische Eigenschaft einer Person oder einer Sache. Der »Besitzer« dieser Eigenschaft (das Subjekt) wird in dem Wort selbst nicht genannt, vielmehr steht der »Besitz« für den »Besitzer«. Das Grundwort wird durch das Bestimmungwort näher bestimmt. Beide zusammen bestimmen den (nicht genannten) »Besitzer«.

Lang-bein (nicht ein langes Bein, sondern einer, der lange Beine hat)
Grau-kopf, Dick-kopf, Dumm-kopf, Geiz-hals
Lang-finger, Blau-strumpf, Platt-fuß

**b) Die verbalen Komposita**

Verben werden mit Präpositionen[1] oder mit Adverbien zusammengesetzt.

über-setzen, voran-setzen

Wenn das Verb mit einer Präposition zusammengesetzt ist, ist es trennbar oder un-trennbar.

Wenn das Verb mit einem Adverb zusammengesetzt ist, ist es trennbar.

---

1) Die Präpositionen waren ursprünglich selbständige Adverbien.
Sie rückten mit dem Verb zusammen.

**1.** Die trennbaren Verben

Bei trennbaren Verben sind Präposition oder Adverb betont.

ǘber-setzen, vorán-setzen

Präposition oder Adverb können vom Stamm getrennt werden:

Ich setze den Wanderer über.
Ich setze den Fuß voran.

»zu« tritt zwischen Präposition oder Adverb und Stamm:

ǘber-zu-setzen, vorán-zu-setzen

»ge-« tritt zwischen Präposition oder Adverb und Stamm:

ǘber-ge-setzt, vorán-ge-setzt

**2.** Die un-trennbaren Verben

Bei un-trennbaren Verben ist die Stamm-silbe betont.

über-sétzen

Die Präposition kann nicht vom Stamm getrennt werden:

Ich übersetze den Satz.

»zu« tritt vor die Präposition:

zu über-sétzen

Das Partizip Perfekt hat kein »ge-«:

über-sétzt

Trennbare und untrennbare Verben:

ǘber-setzen, ǘber- zu -setzen, ǘber-ge-setzt
über-sétzen, zu über-sétzen, über - sétzt

Die trennbaren Verben haben die ursprüngliche und sinnfällige Bedeutung, die un-trennbaren Verben haben die übertragene Bedeutung.

Er setzt den Wanderer über.
Er über-setzt den Satz.

Er hat den Wanderer ǘber-ge-setzt.
Er hat den Satz über - sétzt.

Er kann den Wanderer ǘber-setzen.
Er kann den Satz über-sétzen.

Er vermag den Wanderer ǘber- zu -setzen.
Er vermag den Satz zu über-sétzen.

**c) Die unveränderbaren Komposita**

Unveränderbare Komposita sind Adverbien, Präpositionen und Konjunktionen.

Es gibt drei Arten unveränderbarer Komposita:

1. unveränderbare Komposita, deren Glieder auch außerhalb der Zusammensetzung unveränderbar sind
   zu-gegen, zu-vor
   ohne-hin, bis-her, hin-auf, her-ab
   wo-her, wo-hin, wo-zu

2. unveränderbare Komposita, die aus einer Präposition und einem von ihr abhängigen Nomen zusammengesetzt sind
   auf-grund, zu-stande, außer-stande, in-folge
   des-wegen
   nach-dem, außer-dem, trotz-dem

3. unveränderbare Komposita, die aus mehreren deklinierten Formen zusammengesetzt sind
   neuer-dings, dies-seits, jen-seits, bis-weilen, aller-dings, schlechter-dings

**4. Dekomposita**

Ein Dekompositum besteht aus einem einfachen Wort und einem Kompositum oder aus mehreren Komposita.

Stadt-sparkasse, Haupt-bahnhof; Alltags-kleid
Urväter-hausrat, Hauptbahnhofs-vorsteher

## Die Ableitung

Es gibt zwei Arten der Ableitung:
die innere Ableitung
und die äußere Ableitung.

### 1. Die innere Ableitung

Bei der inneren Ableitung wird ein Laut des Wort-stammes verändert und so ein neues Wort gebildet.

Es kann sich verändern:

**a)** der Vokal des Stammes

Ablaut: Binde – Band – Bund[1]
Gabe – Gift

Wechsel e/i: Erde – irden
Werk – wirken

Wechsel ie/eu: siech – Seuche

Wechsel o/u (sog. Brechung): hold – Huld
Zorn – zürnen

**b)** ein Konsonant des Stammes
(bisweilen außerdem ein Vokal des Stammes)

Wechsel h/ch: sehen – Sicht

Wechsel g/(c)h: zeigen – zeihen – Zeichen
Hügel – Höhe

Wechsel b/f: darben – dürfen
treiben – Trift

Wechsel d/t: Herde – Hirt
schneiden – Schnitt

Schärfung: Rabe – Rappe
Bohle – Bollwerk

Abfall des Endkonsonanten: falb – fahl
gerben – gar

Umstellung eines Konsonanten: Born – Brunnen

1) Vgl. binden – band – gebunden

## 2. Die äußere Ableitung

In der äußeren Ableitung wird ein neues Wort gebildet mit einem selbständigen Wort und mit einem un-selbständigen Wort, d. h. einer Bilde-silbe[1].

Die Bildesilbe ist

| | | |
|---|---|---|
| | | (Schuld) |
| **a)** eine Vor -silbe | (Prä-fix): | Un-schuld |
| **b)** eine Nach-silbe | (Suf-fix): | schuld-ig |
| | | schuld-en |

Ein Wort kann auch durch mehr als *eine* Bildesilbe gebildet werden:

un-schuld-ig
ent-schuld-bar
Ent-schuld-bar-keit
un-ent-schuld-bar
Un-ent-schuld-bar-keit
ent-schuld-ig-en
Ent-schuld-ig-ung
ver-schuld-en
Ver-schuld-ung

Suffixe bestimmen die Wortart des abgeleiteten Wortes, Präfixe nicht.

| | |
|---|---|
| Schuld | (Subst.) |
| schuld -ig | (Adj.) |
| Schuld-ig-keit | (Subst.) |
| un-schuld -ig | (Adj.) |
| schuld -en | (Verb) |
| ver-schuld -en | (Verb) |
| Un-schuld | (Subst.) |

1) Die Bildesilben waren ursprünglich selbständige Wörter; heute werden sie aber nicht mehr als selbständige Wörter empfunden und gebraucht.
Das Suffix »-schaft« z. B. kommt von althochdeutsch »scaf(t)« und war ursprünglich ein Substantiv mit der Bedeutung »Be-*schaffen*-heit«.
Wörter wie »Land-schaft, Wissen-schaft« waren also früher Komposita, gelten aber heute als Ableitungen.
Was heute äußere Ableitung ist, war also ursprünglich Zusammensetzung.

## Bedeutungslehre

Ein Wort hat *eine* Bedeutung oder mehr Bedeutungen.
»Glas« 1. Bezeichnung eines Stoffes
2. Bezeichnung eines Gerätes (Trink-glas, Fern-glas)

Die Bedeutung eines Wortes kann dieselbe bleiben, sie kann sich aber auch wandeln.
»Gift« 1. ursprünglich »Gabe« (erhalten in »Mit-gift«)
2. heute »schädlicher, gefährlicher Stoff;
schädliche , gefährliche Gabe«

Die Bedeutungs-lehre[1] untersucht die Bedeutung der Wörter.
Sie fragt:
Welche Bedeutung(-en) hat das Wort?
Was ist die Grund-bedeutung des Wortes?
Hat sich die Bedeutung des Wortes gewandelt?
Wie und warum hat sich die Bedeutung des Wortes gewandelt?

Die Bedeutung eines Wortes kann sich in verschiedenen Hinsichten und aus verschiedenen Gründen wandeln.
Es gibt:
**1.** Wandel des Bedeutungs-umfanges
**2.** Wandel des Bedeutungs-wertes
**3.** Wandel infolge einer Metonymie
**4.** Wandel infolge einer Metapher
**5.** Wandel infolge einer Kulturveränderung
**6.** Wandel infolge einer Beeinflussung
**7.** Wandel infolge eines Euphemismus
**8.** Wandel infolge einer Ellipse

---

1) Von der Bedeutungs-lehre (Semasiologie) ist die Benennungs-lehre (Onomasiologie) unterschieden.

a) Die Bedeutungs-lehre untersucht das Wort aus der Sicht des Hörenden. Sie fragt:
Welche Bedeutung(-en) hat das Wort?
In welcher Bedeutung kann der Hörende das Wort verstehen?

b) Die Benennungs-lehre untersucht die Bedeutung des Wortes aus der Sicht des Sprechenden. Sie fragt:
Wie sieht der Sprechende eine Sache?
Wie benennt der Sprechende eine Sache?
Wie zeigt der Sprechende eine Sache?
Der Sprechende benennt etwas immer in einer bestimmten Hinsicht;
z.B. einen Menschen kann er benennen
1. in Hinsicht auf die Hautfarbe: Schwarzer, Weißer ...
2. in Hinsicht auf das Alter: Kind, Erwachsener, Greis ...
u.a.m.

Ein Zweig der Bedeutungslehre ist die Lehre von der Wort-herkunft (Etymologie); sie untersucht die Herkunft und die ursprüngliche Bedeutung des Wortes. Sie fragt:
Welche Herkunft hat das Wort?
Welche Bedeutung hat das Wort ursprünglich?

**1. Wandel des Bedeutungsumfanges**

Der Umfang der Bedeutung kann sich wandeln:

**a)** er kann sich verengen: Bedeutungs-verengung

»Bein«, ursprünglich »Knochen« (vgl. »Bein-haus, Ge-bein«)
»Kunst«, ursprünglich »Wissen, Wissenschaft, jedes durch Übung gewonnene Können« (vgl. »Heil-kunst«)
»Kauf-mann«, ursprünglich »Käufer« und »Ver-käufer«
»fahren«, ursprünglich das allgemeine Wort für jede Bewegung, die einen Ortswechsel herbeiführt
»ver-nehmen«, ursprünglich »gewahr werden« für jede Art sinnlicher oder geistiger Wahrnehmung

**b)** er kann sich erweitern: Bedeutungs-erweiterung

»Sache«, ursprünglich »gerichtlicher Streit«
»Ding«, ursprünglich »Versammlung, Verhandlung«
»höf-lich«, ursprünglich = »höf-isch«
»(ein) biß-chen«, eigentlich Deminutiv von »Biß«, also eigentlich »ein kleiner Biß« (i. S. v. »Bissen«)

**2. Wandel des Bedeutungswertes**

Der Wert der Bedeutung kann sich wandeln:

**a)** er kann steigen: Wert-steigerung

»Marschall«, ursprünglich »Pferdeknecht«
»Lenz«, ursprünglich das allgemeine Wort für »Frühling«

**b)** er kann sinken: Wert-senkung

»Dirne«, ursprünglich »Jungfrau«
»Mähre«, ursprünglich »Pferd, Stute«
»Magd«, ursprünglich »Mädchen, Jungfrau«
»albern«, ursprünglich »ganz wahr, ganz aufrichtig, ganz gütig«

**3. Die Metonymie**

Die Met-onymie ist eine Um-benennung: ein Ding wird nicht mit seinem eigentlichen Namen, sondern mit einem anderen Namen benannt, also um-benannt; die von den beiden Wörtern benannten Dinge haben jedoch eine un-mittelbare Beziehung zu einander.

Ich trinke einen guten Wein.

Wein wird aus Trauben gewonnen. Wein und Trauben stehen in un-mittelbarer Beziehung zu einander. Wird das Getränk nicht Wein, sondern Traube genannt, so wird es um-benannt, und es liegt eine Um-benennung vor, eine Met-onymie:

Ich trinke eine gute *Traube*.

In der Metonymie wird also ein Wort an Stelle eines anderen Wortes und in der Bedeutung dieses anderen Wortes gebraucht.

Die von den beiden Wörtern benannten Dinge verhalten sich zu einander
**a)** wie Raum/Zeit und Inhalt
**b)** wie Bewirkendes und Bewirktes (Ursache und Wirkung)
**c)** wie Stoff und daraus Erzeugtes
**d)** wie Eigentümer und Eigentum
**e)** wie Zeichen und Bezeichnetes
**f)** wie Konkretum und Abstraktum
**g)** wie Ganzes und Teil
**h)** wie Gattung und Art

**a)** Raum/Zeit und Inhalt

**1.** der Ort statt desjenigen, was sich an ihm befindet

Die Lippen öffnet ihm der Fürstin Tod,
Nun zu bekennen, was für Hof und Stadt
Ein offenbar Geheimnis lange war.

(statt: für die Menschen am Hofe und
die Menschen in der Stadt)

**2.** das Gefäß statt des Inhaltes

einen Becher trinken

(statt: den Inhalt des Bechers)

**3.** der Körperteil statt der Eigenschaft

Der Körperteil gilt als Sitz der Eigenschaft.

sich ein Herz fassen

(statt: Mut fassen)

Köpfchen haben

(statt: Verstand haben)

**4.** die Zeit statt der Menschen, die in ihr leben

Das 16. Jahrhundert erlebte Englands Aufstieg zur Weltmacht.

(statt: die Menschen des 16. Jahrhunderts)

**b)** Bewirkendes und Bewirktes

**1.** das Bewirkende statt des Bewirkten

den Homer kennen

(statt: die Gedichte Homers)

Dem Bacchus und der Venus huldigen.

(statt: dem Weine und der Liebe)

**2.** das Bewirkte statt des Bewirkenden

Das hat ihn viel Schweiß gekostet.

(statt: Arbeit, Mühe)

**c)** Stoff und daraus Erzeugtes
der Stoff statt des aus dem Stoff Erzeugten
in Samt und Seide kleiden
(statt: in Kleider aus Samt und Seide)
Er stieß ihm das Eisen in die Brust.
(statt: das Schwert aus Eisen)

**d)** Eigentümer und Eigentum
das Eigentum statt des Eigentümers
Es hat die Pest den Samt so wenig respektiert als den groben Zwilch.
(statt: diejenigen, die Samt trugen, d.h. die Reichen;
diejenigen, die Zwilch trugen, d.h. die Armen)

**e)** Zeichen und Bezeichnetes
das Zeichen statt des Bezeichneten
Das Kreuz sank vor dem Halbmond in den Staub.
(statt: Die Christen ... vor den Mohammedanern ...)
Napoleon verlor seine Krone.
(statt: seine Macht)

**f)** Konkretum und Abstraktum
das Abstrakte statt des Konkreten
Er war ein Verteidiger der Unschuld, ein Beschützer der Armut.
(statt: der Unschuldigen, der Armen)
Die Tugend siegt.
(statt: die Tugendhaften)

**g)** Ganzes und Teil
**1.** das Ganze statt des Teiles
Frankreich gewann den Wettkampf.
(statt: die Mannschaft Frankreichs)

**2.** der Teil statt des Ganzen
Er weilte unter meinem Dache.
(statt: in meinem Hause)
Großmaul, Dummkopf, Rotkäppchen

**h)** Gattung und Art
**1.** die Gattung statt der Art
Er sah das Wasser als seine Heimat an.
(statt: das Meer)

**2.** die Art statt der Gattung
Er gab den Armen seinen letzten Pfennig.
(statt: sein letztes Geld)

**4. Die Metapher**

Die Meta-pher ist eine Über-tragung: ein Wort wird in einen Bereich über-tragen, den eigentlich ein anderes Wort bezeichnet.

Das Alter ist der *Abend* des Lebens.

Die Metapher beruht auf einer Analogie:

a) Zwei Dinge werden mit einander verglichen,
d.h. ihre Gemeinsamkeiten und ihre Unterschiede werden festgestellt:
»der Abend« und »das Alter«

Der Abend ist das Ende des Tages.
Das Alter ist das Ende des Lebens.

Gemeinsamkeit: Abend und Alter sind das Ende von etwas.
Unterschied : Der Abend ist ein Teil des Tages.
Das Alter ist ein Teil des Lebens.

b) Auf Grund dieser Gemeinsamkeit läßt sich sagen:
Was der Abend für den Tag ist,
ist das Alter für das Leben.

Wie sich der Abend zum Tage verhält,
so verhält sich das Alter zum Leben.

Abend : Tag = Alter : Leben

c) Auf Grund der Verhältnis-gleichheit läßt sich das eine Wort in den Bereich des anderen Wortes über-tragen und statt des eigentlichen Wortes setzen.
der *Abend* des Lebens (d.h. das Ende des Lebens)
das *Alter* des Tages (d.h. das Ende des Tages)

Das Alter ist der *Abend* des Lebens.
Das Alter ist der *Lebens-abend.*

Zur Ruhe kam er erst an seinem *Lebens-abend.*
(d.h.: im Alter, am Ende seines Lebens;
statt: im Alter, am Ende seines Lebens)

Metapher: Achill war ein *Löwe* in der Schlacht.
»Löwe« und »Achill«

Der Löwe ist das kampfgewaltigste Tier.
Achill ist der kampfgewaltigste Mensch.

Gemeinsamkeit: Der Löwe und Achill sind kampfgewaltig.
Unterschied : Der Löwe ist ein Tier.
Achill ist ein Mensch.

Was der Löwe für die Tiere ist,
ist Achill für die Menschen.

Löwe : Tieren = Achill : Menschen.

Metapher: Achill war ein *Löwe* in der Schlacht.
(d. h.: Achill war der Kampfgewaltigste in der Schlacht.)

Achill ist der *Löwe* unter den Menschen

Oft gibt es zu einem Wort kein analoges Wort. Dennoch bildet man eine Metapher.
Das Ausstreuen des Samens heißt »säen«. Für das Verursachen von Mißtrauen gibt es kein eigenes Wort; man stellt sich aber vor, es geschehe wie das Säen des Samens, und bildet die Analogie
säen : Samen = x : Mißtrauen.
Für »säen« gibt es kein analoges Wort, für das fehlende Wort jedoch setzt man »säen« ein und bildet die Metapher
»Mißtrauen säen«.

Metaphern
Zahn der Zeit, Mantel des Schweigens, Bein des Tisches, Rücken des Berges; Tisch-bein, Berg-rücken

süßer Klang, scharfer Ton, schreiende Farben

mähen (vom Tode), einsehen, erfassen, begreifen

Die Zeit fliegt. Er ringt mit dem Schicksal.
Er spinnt Intrigen. Der Mensch ist entwurzelt.
Fritz ist ein Esel.

**Die Arten der Metapher**[1]

Die Metaphern lassen sich einteilen nach der Unterscheidung »belebt – un-belebt«. Es gibt also Metaphern (Über-tragungen)

**a)** von Belebtem auf Belebtes
Hirte der Völker

**b)** von Belebtem auf Un-belebtes
Zähne der Säge, Fluß-arm
Die Sorge flüstert.

**c)** von Un-belebtem auf Un-belebtes
süßer Ton

**d)** von Un-belebtem auf Belebtes
die Perle der Familie

**5. Wandel infolge einer Kulturveränderung**

Die Bedeutung eines Wortes kann sich infolge einer Kulturveränderung wandeln.
»Draht«, ursprünglich jeder Faden
»Herzog«, ursprünglich »Heerführer«
»Gewehr«, ursprünglich jede Art von Waffe
»eine Uhr aufziehen«, ursprünglich vom Hochziehen der Gewichte

---

1) Metonymie und Metapher werden oft mit einander verwechselt.

Metonymie und Metapher haben gemein mit einander:
Das un-eigentliche Wort wird an der Stelle und in der Bedeutung des eigentlichen Wortes gebraucht.
eine gute *Traube* trinken (statt: Wein)
der *Abend* des Lebens (statt: Alter)

Metonymie und Metapher unterscheiden sich von einander:
a) Metonymie
1. Die Metonymie beruht nicht auf einer Analogie.
2. Das im un-eigentlichen Wort Genannte (»Traube«) steht mit dem im eigentlichen Wort Genannten (»Wein«) in einem un-mittelbaren Zusammenhang (Wein wird aus Trauben gewonnen.).

b) Metapher
1. Die Metapher beruht auf einer Analogie.
2. Das im un-eigentlichen Wort Genannte (»Abend«) steht mit dem im eigentlichen Wort Genannten (»Alter«) nicht in einem un-mittelbaren Zusammenhang. Die beiden Dinge (»Abend; Alter«) haben zu anderem (»Tag; Leben«) dasselbe Verhältnis und entsprechen insofern einander (Abend : Tag = Alter : Leben).

Metonymie und Metapher kommen auch zusammen vor:
Er muß die hungrigen *Schnäbel* um seinen Tisch satt machen.
»Schnäbel« ist 1. Metonymie (Teil statt des Ganzen)
2. Metapher (Mund : Mensch = Schnabel : Vogel).

**6. Wandel infolge einer Beeinflussung**

Die Bedeutung eines Wortes kann beeinflußt werden

**a)** durch klangähnliche Wörter

»Am Hungertuche nagen« ist entstanden aus »am Hungertuche nähen«. Das Hungertuch war das schwarze Tuch, mit dem zur Fastenzeit der Altar verhängt wurde.

**b)** durch Volksetymologie

Wird ein Wort nicht mehr verstanden, so werden Laut und Bedeutung des unverstandenen Wortes mit einem klangähnlichen und verständlichen Wort in Verbindung gebracht.

»Kanon« (von griech. *κανών* »Richtschnur, Regel«) wurde nicht mehr verstanden und mit »Kanone« in Verbindung gebracht; daraus entstand »unter aller Kanone«.

**7. Wandel infolge eines Euphemismus**

Unliebsames, Unangenehmes, Anstößiges wird verschleiert und mit einem mildernden, beschönigenden Wort benannt.

Heimgang (= Tod); ableben, entschlafen (= sterben);
lange Finger machen, mitgehen lassen (= stehlen)

**8. Wandel infolge einer Ellipse**

Eine Wortverbindung, die häufig in derselben Bedeutung gebraucht wird, wird auch dann verstanden, wenn einer ihrer Teile ausgelassen wird. Wenn diese Ellipse (Aus-lassung) nicht mehr gefühlt wird, erhält der Rest die Bedeutung des ehemals vollständigen Ausdruckes, also eine Bedeutung, die er ursprünglich nicht hatte.

Illustrierte < illustrierte Zeitung (»illustrierte« ist Partizip Perfekt)
Pfirsich < malum Persicum (»persischer Apfel«)

# Die Aktionsart

Die Aktions-art[1] ist die Art, in der die im Verb genannte Handlung verläuft. Die Aktionsart wird durch die Bedeutung des Verbs bestimmt.

Es gibt zwei Aktionsarten:
**1.** die perfektive
**2.** die im-perfektive.[2]

Bei der Unterscheidung der Aktionsarten ist nicht die Zeit-dauer der im Verb genannten Handlung maßgebend; maßgebend ist nur, ob die im Verb genannte Handlung in sich selbst abgeschlossen, in sich selbst zeitlich begrenzt ist oder nicht.

**1. Die perfektive Aktionsart**

Die Verben perfektiver Aktionsart nennen eine Handlung, die in sich selbst abgeschlossen, in sich selbst zeitlich begrenzt ist. Zu den Verben perfektiver Aktionsart läßt sich keine Zeitbestimmung der Dauer hinzufügen.
Es gibt drei Arten perfektiver Verben:
**a)** perfektive
**b)** perfektiv-ingressive
**c)** perfektiv-effektive.

**a)** Die perfektiven Verben
Die perfektiven Verben nennen eine in sich selbst abgeschlossene, in sich selbst zeitlich begrenzte Handlung.
finden (perfektiv zu »suchen«)
fassen (perfektiv zu »greifen«)
treffen (perfektiv zu »zielen, schießen, schlagen«)
Er fand das Buch.

**b)** Die perfektiv-ingressiven Verben
Die perfektiv-ingressiven Verben nennen den Anfang einer Handlung.
er-blühen, er-klingen, ent-brennen, auf-stehen, werden
Die Rose erblüht.
(Das Er-blühen ist der Anfang des Blühens.)

---

1) Die Unterscheidung der Aktionsarten ist keine grammatische Unterscheidung, sondern eine Unterscheidung der Bedeutung der Verben.

2) »Perfektiv« und »imperfektiv« haben nichts mit den Tempora »Perfekt« und »Imperfekt« zu tun;
»perfektiv« : perfekt, vollendet, abgeschlossen;
»im-perfektiv«: nicht perfekt, nicht vollendet, nicht abgeschlossen.
Statt »perfektiv« wird auch »punktuell« gesagt.
Statt »imperfektiv« wird auch »durativ« gesagt;
»durativ«: (an-)dauernd (von lat. »durare«).

**c)** Die perfektiv-effektiven Verben

Die perfektiv-effektiven Verben nennen das Ende, den Abschluß einer Handlung.

ver-blühen, ver-klingen, ver-brennen, auf-essen

Die Rose verblüht.

(Das Ver-blühen ist das Ende des Blühens.)

**2. Die imperfektive Aktionsart**

Die Verben im-perfektiver Aktionsart nennen eine Handlung, die in sich selbst nicht abgeschlossen, in sich selbst nicht zeitlich begrenzt ist.

Die Handlung wird in ihrem Vollzug, in ihrem Verlauf gezeigt.

Der Anfang und der Abschluß der Handlung werden im Verb selbst nicht genannt.

schlafen, regnen, blühen, wohnen, wachen, haben, sein, bleiben

Vater schläft. Es regnet. Die Rose blüht.

Zu den Verben imperfektiver Aktionsart läßt sich eine Zeitbestimmung der Dauer hinzufügen.

Die Rose blühte einen Monat (lang).

Es gibt Verben, deren Aktionsart sich außerhalb eines Zusammenhanges nicht eindeutig bestimmen läßt; sie lassen sich perfektiv oder im-perfektiv auffassen. In einem Zusammenhang kann das Verb jedoch eindeutig perfektiv oder im-perfektiv werden. Der Zusammenhang bestimmt also die Aktionsart des Verbs.

reiten (perfektiv oder im-perfektiv)

Ich reite in das Nachbardorf. (perfektiv)

Am Morgen ritt er (zwei Stunden lang). (im-perfektiv)

tanzen (perfektiv oder im-perfektiv)

Er ist aus dem Saal getanzt. (perfektiv)

Er hat lange getanzt. (im-perfektiv)

# Übungen

# Bestimmung von Verbformen

| | |
|---|---|
| du lobst | 2. Sg. Akt. Präs. Ind. von »loben« |
| er wird gelobt | 3. Sg. Pass. Präs. Ind. von »(ge-)loben« |
| wir hätten gelobt | 1. Pl. Akt. Plqpf. Konj. von »(ge-)loben« |
| sie seien gelobt worden | 3. Pl. Pass. Perf. Konj. von »(ge-)loben« |
| wir lobten | 1. Pl. Akt. Impf. Ind./Konj. von »loben« |
| er kommt | 3. Sg. Akt. Präs. Ind. von »kommen« |
| ich werde verraten | 1. Sg. Akt. Fut. I Ind./Konj. I von »verraten« |
| oder: | 1. Sg. Pass. Präs. Ind./Konj. von »verraten« |
| ich würde verraten | 1. Sg. Akt. Fut. I Konj. II von »verraten« |
| oder: | 1. Sg. Pass. Impf. Konj. von »verraten« |
| ich verriete | 1. Sg. Akt. Impf. Konj. von »verraten« |
| sie hat gewogen | 3. Sg. Akt. Perf. Ind. von »wiegen« transitiv oder intransitiv |
| führe! | Imp. Sg. von »führen«[1] |
| ich führe | 1. Sg. Akt. Präs. Ind./Konj. von »führen« |
| oder: | 1. Sg. Akt. Impf. Konj. von »fahren« |
| er führe | 3. Sg. Akt. Präs. Konj. von »führen« |
| oder: | 3. Sg. Akt. Impf. Konj. von »fahren« |
| ich bin gelaufen | 1. Sg. Akt. Perf. Ind. von »laufen« |
| ich bin gefesselt | 1. Sg. (Zustands-)Pass. Präs. Ind. von »fesseln« |
| gefahren (zu) sein | Inf. Perf. Akt. von »fahren« |
| besiegt worden (zu) sein | Inf. Perf. Pass. von »besiegen« |
| verraten | Inf. Präs. Akt. |
| oder: | Part. Perf. Pass. von »verraten« |
| den *entlaufenen* Gefangenen | Part. Perf. Akt. von »entlaufen« im Akk. Sg. m. oder Dat. Pl. m. f. n. |
| des *entlassenen* Gefangenen | Part. Perf. Pass. von »entlassen« im Gen. Sg. m. |
| das *Gelobte* Land | Part. Perf. Pass. von »geloben« im Nom./Akk. Sg. n. |
| fliegend | Part. Präs. von »fliegen« |
| der *springende* Punkt | Part. Präs. von »springen« im Nom. Sg. m. |

1) Den Imperativ gibt es nur in der 2. Sg. und 2. Pl. Akt. Präs.; daher wird er nur als Imp. Sg. oder als Imp. Pl. bestimmt.

# Wortart, Wortform, Satzteil[1], Abhängigkeits- und Beziehungspfeile

**1.**

| | Der | Freßnapf | steht | bei | der | Kette. |
|---|---|---|---|---|---|---|
| WA | best. Art. | Subst. | V-Vb. | Präp. | best. Art. | Subst. |
| WF | Nom. Sg. m. | | 3. Sg. Akt. Präs. Ind. | — | Dat. Sg. f. | |
| ST | S | | P | a. B. des Ortes | | |

**2.**

| | Satte | Löwen | kann | man | kraulen. |
|---|---|---|---|---|---|
| WA | Adj. | Subst. | M-Vb. | Indef.-Pron. | V-Vb. |
| WF | Akk. Pl. m. | | 3. Sg. Akt. Präs. Ind. | Nom. Sg. | Inf. Präs. Akt. |
| ST | Attr. | AO | P | S | O |

**3.**

| | Eine | halbe | Wahrheit | ist | oft | eine | große | Lüge. |
|---|---|---|---|---|---|---|---|---|
| WA | unbest. Art. | Adj. | Subst. | H-Vb. | Adv. | unbest. Art. | Adj. | Subst. |
| WF | Nom. Sg. f. | | | 3. Sg. Akt. Präs. Ind. | — | Nom. Sg. f. | | |
| ST | | Attr. | S | PV | a. B. der Zeit | | Attr. | PN |

1) Die Prädikate sind unterstrichen, die Subjekte unterstrichelt.

**4.**

| | Sprachkürze | gibt | Denkweite. |
|---|---|---|---|
| WA | Subst. | V-Vb. | Subst. |
| WF | Nom. Sg. f. | 3. Sg. Akt. Präs. Ind. | Akk. Sg. f. |
| ST | S | P | AO |

oder:

**5.**

| | Sprachkürze | gibt | Denkweite. |
|---|---|---|---|
| WF | Akk. Sg. f. | 3. Sg. Akt. Präs. Ind. | Nom. Sg. f. |
| ST | AO | P | S |

**6.**

| | Die | Axt | im | Haus | erspart | den | Zimmermann. |
|---|---|---|---|---|---|---|---|
| WA | best. Art. | Subst. | Präp. + best. Art. | Subst. | V-Vb. | best. Art. | Subst. |
| WF | Nom. Sg. f. | | Dat. Sg. n. | | 3. Sg. Akt. Präs. Ind. | Akk. Sg. m. | |
| ST | S | | Attr. | | P | AO | |

**7.**

| | Es | ist | schön, | zu verreisen. |
|---|---|---|---|---|
| WA | Pers.-Pron. | H-Vb. | Adj. | V-Vb. |
| WF | Nom. Sg. n. | 3. Sg. Akt. Präs. Ind. | Nom. Sg. n. | Inf. Präs. Akt. |
| ST | (S) | PV | PN | S |

**8.**

| | Gottes | Mühlen | mahlen | langsam. |
|---|---|---|---|---|
| WA | Subst. | Subst. | V-Vb. | Adv. |
| WF | Gen. Sg. m. | Nom. Pl. f. | 3. Pl. Akt. Präs. Ind. | —— |
| ST | Attr. | S | P | a. B. d. A. u. W. |

**9.**

| | Er | liegt | krank | im | Bett. |
|---|---|---|---|---|---|
| WA | Pers.-Pron. | V-Vb. | Adj. | Präp. + best. Art. | Subst. |
| WF | Nom. Sg. m. | 3. Sg. Akt. Präs. Ind. | Nom. Sg. m. | Dat. Sg. n. | |
| ST | S | P | Pv | a. B. des Ortes | |

**10.**

| | Ich | habe | meinem | Freund | versprochen, | ihn | zu rufen. |
|---|---|---|---|---|---|---|---|
| WA | Pers.-Pron. | H-Vb. | Poss.-Pron. | Subst. | V-Vb. | Pers.-Pron. | V-Vb. |
| WF | Nom. Sg. | 1. Sg. Akt. Perf. Ind. | Dat. Sg. m. | | s. o. | Akk. Sg. m. | Inf. Präs. Akt. |
| ST | S | P | Attr. | DO | P, s. o. | AO | O |

**11.**

| | Hat | Helmut | sich | der | Stimme | enthalten? |
|---|---|---|---|---|---|---|
| WA | H-Vb. | Subst. | Refl.-Pron. | best. Art. | Subst. | V-Vb. |
| WF | 3. Sg. Akt. Perf. Ind. | Nom. Sg. m. | Akk. Sg. m. | Gen. Sg. f. | | s. o. |
| ST | P | S | AO | | GO | P, s. o. |

**12.**

| | Achte | auf | die | im | Garten | spielenden | Kinder! |
|---|---|---|---|---|---|---|---|
| WA | V-Vb. | Präp. | best. Art. | Präp. + best. Art. | Subst. | V.-Vb. | Subst. |
| WF | Imp. Sg. | —— | Akk. Pl. n. | Dat. Sg. m. | | Akk. Pl. n. des Part. Präs. | Akk. Pl. n. |
| ST | P(+S) | s. »Kinder« | | a. B. d. Ortes | | Attr. | präp. O |

**13.**

| | Ich | lasse | mir | einen | Bart | wachsen. |
|---|---|---|---|---|---|---|
| WA | Pers.-Pron. | V-Vb. | Pers.-Pron., refl. gebr. | unbest. Art. | Subst. | V-Vb. |
| WF | Nom. Sg. | 1. Sg. Akt. Präs. Ind. | Dat. Sg. | Akk. Sg. m. | | Inf. Präs. Akt. |
| ST | S | P | DO | AO | | O |

**14.**

| | Mutter | ließ | die | Kinder | Kuchen | backen. |
|---|---|---|---|---|---|---|
| WA | Subst. | V-Vb. | best. Art. | Subst. | Subst. | V-Vb. |
| WF | Nom. Sg. f. | 3. Sg. Akt. Impf. Ind. | Akk. Pl. n. | | Akk. Sg./Pl. m. | Inf. Präs. Akt. |
| ST | S | P | AO | | AO | O |

| 15. | Ich | lasse | mir | die | Haare | schneiden. |
|---|---|---|---|---|---|---|
| WA | Pers.-Pron. | V-Vb. | Pers.-Pron., refl. gebr. | best. Art. | Subst. | V-Vb. |
| WF | Nom. Sg. | 1. Sg. Akt. Präs. Ind. | Dat. Sg. | Akk. Pl. n. | | Inf. Präs. Akt. |
| ST | S | P | DO | AO | | O |

## Umwandlung direkter Rede in in-direkte Rede

*direkte Rede*

»Das Deutsch, das man heutzutage *spricht* und *schreibt*« – so etwa spräche oder schriebe der alte Sprachmeister Schopenhauer, wenn er heute wiederkäme –, »*erschreckt mich*. Was immer *ich* an Gedrucktem zur Hand *nehme, stößt mich* ab.

Die Sprachverderbnis *hat* seit *meinem* Tode ein Ausmaß angenommen, wie selbst *ich* als Pessimist es nicht befürchtet *habe*. Eine ehrenwerte Gesellschaft, wie es die zu *meiner* Zeit noch gewesen *ist, wäre* nicht gleichgültig gegen die Verrohung ihrer Sprache: sie *nähme* den Schmierern das Recht, sich Schriftsteller zu nennen, und *stieße* sie aus den Reihen der Gebildeten aus. Heute *gibt* es manchen angesehenen Schriftsteller, der so *tut*, als *stünde* er über der Grammatik, wo doch nach dem bekannten lateinischen Sprichwort nicht einmal der Papst *steht*, ja, als *gäbe* es im Deutschen überhaupt keine Grammatik mehr.

*indirekte Rede*

Das Deutsch, das man heutzutage *spreche* und *schreibe* – so etwa spräche oder schriebe der alte Sprachmeister Schopenhauer, wenn er heute wiederkäme –, *erschrecke ihn*. Was immer *er* an Gedrucktem zur Hand *nehme, stoße ihn* ab.

Die Sprachverderbnis *habe* seit *seinem* Tode ein Ausmaß angenommen, wie selbst *er* als Pessimist es nicht befürchtet *habe*. Eine ehrenwerte Gesellschaft, wie es die zu *seiner* Zeit noch gewesen *sei, wäre* nicht gleichgültig gegen die Verrohung ihrer Sprache: sie *nähme* den Schmierern das Recht, sich Schriftsteller zu nennen, und *stieße* sie aus den Reihen der Gebildeten aus. Heute *gebe* es manchen angesehenen Schriftsteller, der so *tue*, als *stünde* er über der Grammatik, wo doch nach dem bekannten lateinischen Sprichwort nicht einmal der Papst *stehe*, ja, als *gäbe* es im Deutschen überhaupt keine Grammatik mehr.

*Fährt* man so einem nicht in die Parade, dann *fährt* er womöglich fort, unsere Muttersprache zu schänden, als *gälte* es, zu beweisen, daß keine Regel mehr *gilt*. Wer *schreibt, soll* nicht gedankenlos schreiben, wer *liest*, nicht gedankenlos lesen! *Ich rufe* die anständig Gebliebenen zu Hilfe, damit es nicht *weitergehe*, wie es vielleicht *weitergeht*, wenn man gegen die Verrohung nicht im letzten Augenblick noch *angeht*. Daß die deutsche Sprache einen Konjunktiv *hat, scheint* auch Gebildeten nicht mehr bekannt zu sein – ja, gerade ihnen nicht, denn in der Mundart *ist* er noch lebendig –, sonst *setzten* nicht so viele frech den Indikativ, wo Sinn und Grammatik den Konjunktiv *verlangen*, und sonst *wäre* es unverständlich, daß so viele den Konjunktiv falsch *bilden* oder falsch *gebrauchen*.«

*Fahre* man so einem nicht in die Parade, dann *fahre* er womöglich fort, unsere Muttersprache zu schänden, als *gälte* es, zu beweisen, daß keine Regel mehr *gelte*. Wer *schreibe, solle* nicht gedankenlos schreiben, wer *lese*, nicht gedankenlos lesen! *Er rufe* die anständig Gebliebenen zu Hilfe, damit es nicht *weitergehe*, wie es vielleicht *weitergehe*, wenn man gegen die Verrohung nicht im letzten Augenblick noch *angehe*. Daß die deutsche Sprache einen Konjunktiv *habe, scheine* auch Gebildeten nicht mehr bekannt zu sein – ja, gerade ihnen nicht, denn in der Mundart *sei* er noch lebendig –, sonst *setzten* nicht so viele frech den Indikativ, wo Sinn und Grammatik den Konjunktiv *verlangten*, und sonst *wäre* es unverständlich, daß so viele den Konjunktiv falsch *bildeten* oder falsch *gebrauchten*.

Rede des Antonius aus: »*Julius Caesar*«, III 2 von William Shakespeare

Mitbürger! Feunde! Römer! hört mich an!
Begraben will ich Cäsarn, nicht ihn preisen.
Was Menschen Übles tun, das überlebt sie,
Das Gute wird mit ihnen oft begraben.
So sei es auch mit Cäsarn! Der edle Brutus
Hat euch gesagt, daß er voll Herrschsucht war;
Und war er das, so war's ein schwer Vergehen,
Und schwer hat Cäsar auch dafür gebüßt.
Hier, mit des Brutus Willen und der andern
(Denn Brutus ist ein ehrenwerter Mann,
Das sind sie alle, alle ehrenwert),
Komm' ich, bei Cäsars Leichenzug zu reden.
Er war mein Freund, war mir gerecht und treu.
Doch Brutus sagt, daß er voll Herrschsucht war,
Und Brutus ist ein ehrenwerter Mann.
Er brachte viel Gefangne heim nach Rom,
Wofür das Lösegeld den Schatz gefüllt.
Sah das der Herrschsucht wohl am Cäsar gleich?
Wenn Arme zu ihm schrien, so weinte Cäsar:
Die Herrschsucht sollt' aus härterm Stoff bestehn.
Doch Brutus sagt, daß er voll Herrschsucht war,
Und Brutus ist ein ehrenwerter Mann.
Ihr alle saht, wie am Lupercus-Fest
Ich dreimal ihm die Königskrone bot,
Die dreimal er geweigert. War das Herrschsucht?
Doch Brutus sagt, daß er voll Herrschsucht war,
Und ist gewiß ein ehrenwerter Mann.
Ich will, was Brutus sprach, nicht widerlegen,
Ich spreche hier von dem nur, was ich weiß.
Ihr liebtet all' ihn einst nicht ohne Grund:
Was für ein Grund wehrt euch, um ihn zu trauern?
O Urteil, du entflohst zum blöden Vieh,
Der Mensch ward unvernünftig! – Habt Geduld!

*Indirekte Rede*

Antonius sagt(-e),
die Mitbürger, Freunde, Römer sollten ihn anhören.
Begraben wolle er Cäsarn, nicht ihn preisen.
Was Menschen Übles täten, das überlebe sie,
das Gute werde mit ihnen oft begraben.
So solle es auch mit Cäsarn sein! Der edle Brutus
habe ihnen gesagt, er[1] sei voll Herrschsucht gewesen;
und wenn er[1] das gewesen sei, so sei es ein schweres Vergehen gewesen,
und schwer habe Cäsar auch dafür gebüßt.
Hier, mit des Brutus Willen und der andern
(denn Brutus sei ein ehrenwerter Mann,
das seien sie alle, alle ehrenwert),
komme er[2], bei Cäsars Leichenzug zu reden.
Er[1] sei sein Freund gewesen, sei ihm gerecht und treu gewesen.
Doch Brutus sage, er[1] sei voll Herrschsucht gewesen,
und Brutus sei ein ehrenwerter Mann.
Er[1] habe viele Gefangne heim nach Rom gebracht,
deren Lösegeld den Schatz gefüllt habe.
Ob das der Herrschsucht wohl am Cäsar gleichgesehen habe?
Wenn Arme zu ihm geschrieen hätten, so habe Cäsar geweint:
Die Herrschsucht sollte aus härterem Stoff bestehen.
Doch Brutus sage, er[1] sei voll Herrschsucht gewesen,
und Brutus sei ein ehrenwerter Mann.
Sie[3] alle hätten gesehen, wie am Lupercus-Fest
er[2] dreimal ihm die Königskrone geboten habe,
die er[1] dreimal ausgeschlagen habe. Ob das Herrschsucht gewesen sei?
Doch Brutus sage, er[1] sei voll Herrschsucht gewesen,
und sei gewiß ein ehrenwerter Mann.
Er wolle, was Brutus gesprochen habe, nicht widerlegen,
er spreche hier von dem nur, was er wisse.
Sie[3] alle hätten jenen[4] einst nicht ohne Grund geliebt:
Was für ein Grund wehre ihnen, um jenen[4] zu trauern?
Das Urteil sei zum blöden Vieh entflohen,
Der Mensch sei unvernünftig geworden! – Sie sollten Geduld haben!

---

1) »er« = Cäsar

2) »er« = Antonius

3) »sie« = die Angesprochenen

4) Das Demonstrativpronomen »jener, jene, jenes« bezeichnet die besprochene Person. Es steht, wenn die besprochene Person mit der sprechenden verwechselt werden könnte.

# Übungen zur Wortanordnung

## 1.

Woher nimmt der Mensch überhaupt den Anspruch, in das Wesen einer Sache zu gelangen? Der Mensch kann diesen Anspruch nur dorther nehmen, von woher er ihn empfängt. Er empfängt ihn aus dem Zuspruch der Sprache. Freilich nur dann, wenn er und solange er das eigene Wesen der Sprache schon achtet. Indessen rast ein zügelloses, aber zugleich gewandtes Reden und Schreiben und Senden von Gesprochenem rund um den Erdball. Der Mensch gebärdet sich, als wäre er Bildner und Meister der Sprache, während doch sie die Herrin des Menschen bleibt. Wenn dieses Herrschaftsverhältnis sich umkehrt, dann verfällt der Mensch auf seltsame Machenschaften. Die Sprache wird zum Mittel des Ausdrucks. Als Ausdruck kann die Sprache zum bloßen Druckmittel herabsinken. Daß man auch bei solcher Benutzung der Sprache noch auf die Sorgfalt des Sprechens hält, ist gut. Dies allein hilft uns jedoch nie aus der Verkehrung des wahren Herrschaftsverhältnisses zwischen der Sprache und dem Menschen. Denn eigentlich spricht die Sprache. Der Mensch spricht erst und nur, insofern er der Sprache entspricht, indem er auf ihren Zuspruch hört. Unter allen Zusprüchen, die wir Menschen von uns her mit zum Sprechen bringen dürfen, ist die Sprache der höchste und der überall erste. Die Sprache winkt uns zuerst und dann wieder zuletzt das Wesen einer Sache zu. Dies heißt jedoch nie, daß die Sprache in jeder beliebig aufgegriffenen Wortbedeutung uns schon mit dem durchsichtigen Wesen der Sache geradehin und endgültig wie mit einem gebrauchsfertigen Gegenstand beliefert. Das Entsprechen aber, worin der Mensch eigentlich auf den Zuspruch der Sprache hört, ist jenes Sagen, das im Element des Dichtens spricht.[1]

---

1) Aus: M. Heidegger: Vorträge und Aufsätze. Pfullingen 1954, S. 189f.

## 2.

Alle Entfernungen in der Zeit und im Raum schrumpfen ein. Wohin der Mensch vormals wochen- und monatelang unterwegs war, dahin gelangt er jetzt durch die Flugmaschine über Nacht. Wovon der Mensch früher erst nach Jahren oder überhaupt nie eine Kenntnis bekam, das erfährt er heute durch den Rundfunk stündlich im Nu. Das Keimen und Gedeihen der Gewächse, das die Jahreszeiten hindurch verborgen blieb, führt der Film jetzt öffentlich in einer Minute vor. Entfernte Stätten ältester Kulturen zeigt der Film, als stünden sie eben jetzt im heutigen Straßenverkehr. Der Film bezeugt überdies sein Gezeigtes noch dadurch, daß er zugleich den aufnehmenden Apparat und den ihn bedienenden Menschen bei solcher Arbeit vorführt. Den Gipfel der Beseitigung jeder Möglichkeit der Ferne erreicht die Fernsehapparatur, die bald das ganze Gestänge und Geschiebe des Verkehrs durchjagen und beherrschen wird. Der Mensch legt die längsten Strecken in der kürzesten Zeit zurück. Er bringt die größten Entfernungen hinter sich und bringt so alles auf die kleinste Entfernung vor sich.

Allein das hastige Beseitigen aller Entfernungen bringt keine Nähe; denn Nähe besteht nicht im geringen Maß der Entfernung. Was streckenmäßig in der geringsten Entfernung zu uns steht, durch das Bild im Film, durch den Ton im Funk, kann uns fern bleiben. Was streckenmäßig unübersehbar weit entfernt ist, kann uns nahe sein. Kleine Entfernung ist nicht schon Nähe. Große Entfernung ist noch nicht Ferne.

Was ist die Nähe, wenn sie, trotz der Verringerung der längsten Strecken auf die kürzesten Abstände, ausbleibt? Was ist die Nähe, wenn sie durch das rastlose Beseitigen der Entfernungen sogar abgewehrt wird? Was ist die Nähe, wenn mit ihrem Ausbleiben auch die Ferne wegbleibt?

Was geht da vor sich, wenn durch das Beseitigen der großen Entfernungen alles gleich fern und gleich nahe steht? Was ist dieses Gleichförmige, worin alles weder fern noch nahe, gleichsam ohne Abstand ist?[1]

1) Aus: M. Heidegger: Vorträge und Aufsätze. Pfullingen 1954, S. 163f.

# Übungen zu den Satzschemata und den Kommaregeln

**Aufgaben:**

**1.** Die Prädikate unterstreichen!
**2.** Die Subjekte unterstricheln![1]
**3.** Die Hauptsätze der Satzgefüge unterstreichen!
**4.** Die Sätze der Satzgefüge und der Satzreihen numerieren!
**5.** Die Satzschemata zeichnen!
**6.** Die Hauptsätze nach der Art bestimmen!
**7.** Die Nebensätze[2] bestimmen
  **a)** nach dem einleitenden Wort
  **b)** als Satzteil
  **c)** nach dem Sinn!
**8.** Die Kommata setzen, numerieren und begründen!
**9.** Die einen Nebensatz einleitenden Wörter in Kästchen setzen!

---

1) Ein Nebensatz, der Subjekt ist, wird jedoch nicht unterstrichelt.

2) Die Relativsätze, die keine Lokalsätze sind, werden nur nach dem einleitenden Wort und als Satzteil bestimmt.

*Übungstext*

(1) Wenn wir für die Schönheit der eigenen Sprache stumpf geworden sind so hat die nächstbeste fremde oft einen unbeschreiblichen Zauber und wir brauchen nur unsere welken Gedanken in sie hineinzuschütten damit sie aufleben wie Blumen die ins frische Wasser gesetzt werden.

(2) Gedanken in fremde Sprache zu bringen ist jedoch schwerer als die meisten ahnen.

(3) Abgesehen von den elementaren sprachlichen Voraussetzungen braucht der Übersetzer lange Erfahrung im Umgang sowohl mit der eigenen als auch mit der fremden Sprache und selbst der Erfahrene wird immer wieder einsehen müssen daß es niemals leicht ist einen Text in all seinen Eigentümlichkeiten und Feinheiten unbeschadet in eine andere Sprache zu übertragen.

(4) Beim Übersetzen gibt es freilich Grade der Schwierigkeiten denn eine einfache Mitteilung läßt sich leichter übersetzen als ein schwieriger Gedankengang oder gar ein geheimnisvolles Gedicht.

(5) Wer ernsthaft versucht Werke der Dichtung zu übertragen wird nicht versäumen dürfen diese Werke zunächst gewissenhaft zu deuten wenn er nicht Gefahr laufen will einer üblen Untugend nämlich der bloßen Effekthascherei bezichtigt zu werden.

(6) Um diesem Vorwurf zu entgehen darf sich der Übersetzer nicht damit begnügen wortgetreu d.h. Wort für Wort mit Hilfe eines Wörterbuches zu übersetzen sondern er muß versuchen die Eigentümlichkeiten der eigenen Sprache durch die eigentümlichen aber andersartigen Möglichkeiten der fremden Sprache wiederzugeben.

(7) Daß diese Hinweise vage sind daß die Schwierigkeiten je und je im Hinblick auf die Anforderungen die ein Text stellt bewältigt werden müssen ist dem Kundigen so klar daß es nicht eigens erwähnt zu werden brauchte.

(8) Dennoch verlangt die Sprache eine Wesensauszeichnung des Menschen daß auch das scheinbar Selbstverständliche beherzigt werde und daß sich immer falls nötig Wächter finden ernsthafte und treue die darauf achten daß die Menschen dieses kostbare Gut welches ihnen Möglichkeiten eröffnet aber auch Gefahren bringt nicht leichtfertig vernachlässigen.

**Lösungen**

(1) Wenn wir für die Schönheit der eigenen Sprache stumpf geworden sind,[1] (1)
so hat die nächstbeste fremde oft einen unbeschreiblichen Zauber,[2] (2)
und wir brauchen nur unsere welken Gedanken in sie hineinzuschütten,[3] (3)
damit sie aufleben wie Blumen,[4] (4)
die ins frische Wasser gesetzt werden. (5)

$H_2$ —— $H_3$
| Aussagesatz | wie $H_2$
$N_1$ Konjunktionalsatz a. B. Zeit/Bedingung Temporalsatz/ Kondizionalsatz
$N_4$ Konjunktionalsatz a. B. Zweck Finalsatz
$N_5$ Relativsatz Attribut

Kommaregeln: 1. R 2; 2. R 9b; 3. u. 4. R 2

(2) Gedanken in fremde Sprache zu bringen ist jedoch schwerer,[1] (1)
als die meisten ahnen. (2)

$H_1$ Aussagesatz
|
$N_2$ Konjunktionalsatz a. B. Vergleich Komparativsatz

Kommaregel: 1. R 2

(3) Abgesehen von den elementaren sprachlichen Voraussetzungen,[1] braucht der Übersetzer lange Erfahrung im Umgang sowohl mit der eigenen als auch mit der fremden Sprache,[2] (1)
und selbst der Erfahrene wird immer wieder einsehen müssen,[3] (2)
daß es niemals leicht ist,[4] einen Text in all seinen Eigentümlichkeiten und Feinheiten unbeschadet in eine andere Sprache zu übertragen. (3)

$H_1$ —— $H_2$
Aussagesatz | wie $H_1$
$N_3$ Konjunktionalsatz Objekt abhängiger Aussagesatz

Kommaregeln: 1. R 4a; 2. R 9b; 3. R 2; 4. R 3c

(4) Beim Übersetzen gibt es freilich Grade der Schwierigkeit,[1] (1)
denn eine einfache Mitteilung läßt sich leichter übersetzen als ein schwieriger Gedankengang oder gar ein geheimnisvolles Gedicht. (2)

$H_1$ ———————— $H_2$
Aussagesatz — wie $H_1$

Kommaregel: 1. R 9b

(5) Wer ernsthaft versucht,[1] Werke der Dichtung zu übertragen,[2] (1)
wird nicht versäumen dürfen,[3] diese Werke zunächst gewissenhaft zu deuten,[4] (2)
wenn er nicht Gefahr laufen will,[5] einer üblen Untugend,[6] nämlich der bloßen Effekthascherei,[7] bezichtigt zu werden. (3)

$H_2$ Aussagesatz
$N_1$ Relativsatz Subjekt — $N_3$ Konjunktionalsatz a. B. Bedingung Kondizionalsatz

Kommaregeln: 1. R 3e; 2. R 2; 3. R 3b; 4. R 2; 5. R 3b; 6. u. 7. R 8

(6) Um diesem Vorwurf zu entgehen,[1] darf sich der Übersetzer nicht damit begnügen,[2] wortgetreu,[3] d. h. Wort für Wort mit Hilfe eines Wörterbuches,[4] zu übersetzen,[5] (1)
sondern er muß versuchen (,[6]) die Eigentümlichkeiten der eigenen Sprache durch die eigentümlichen,[7] aber andersartigen Möglichkeiten der fremden Sprache wiederzugeben. (2)

$H_1$ ———————— $H_2$
Aussagesatz — wie $H_1$

Kommaregeln: 1. R 3a; 2. R 3b; 3. u. 4. R 8; 5. R 9b; 6. R 3e; 7. R 1c

(7) Daß diese Hinweise vage sind,[1] (1)
daß die Schwierigkeiten je und je im Hinblick auf die Anforderungen,[2] (2)
die ein Text stellt,[3] (3)
bewältigt werden müssen,[4] (2)
ist dem Kundigen so klar,[5] (4)
daß es nicht eigens erwähnt zu werden brauchte. (5)

$H_4$ Aussagesatz
$N_1$ Konjunktionalsatz Subjekt abh. Aussagesatz — $N_2$ wie $N_1$ — $N_5$ Konjunktionalsatz a. B. Folge Konsekutivsatz
$N_3$ Relativsatz Attribut

Kommaregeln: 1. R 1b; 2.–5. R 2

(8) Dennoch verlangt die Sprache,[1] eine Wesensauszeichnung des Menschen,[2] (1)
daß auch das scheinbar Selbstverständliche beherzigt werde (2)
und daß sich immer,[3] (3)
falls nötig,[4] (4)
Wächter finden,[5] ernsthafte und treue,[6] (3)
die darauf achten,[7] (5)
daß die Menschen dieses kostbare Gut,[8] (6)
welches ihnen Möglichkeiten eröffnet,[9] aber auch Gefahren bringt,[10] (7)
nicht leichtfertig vernachlässigen. (6)

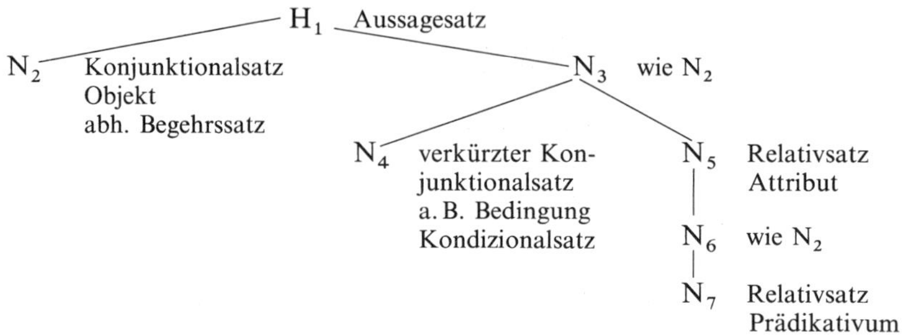


Kommaregeln: 1. R 7; 2. R 2; 3. u. 4. R 5; 5. R 10b; 6.–8. R 2; 9. R 1c; 10. R 2

## Ein Gleichnis

Jüngst pflückt ich einen Wiesenstrauß,
Trug ihn gedankenvoll nach Haus;
Da hatten von der warmen Hand
Die Kronen sich alle zur Erde gewandt.
Ich setzte sie in frisches Glas;
Und welch ein Wunder war mir das!
Die Köpfchen hoben sich empor,
Die Blätterstengel im grünen Flor;
Und allzusammen so gesund,
Als stünden sie noch auf Muttergrund.

---

So war mir's, als ich wundersam
Mein Lied in fremder Sprache vernahm.

*Goethe*

# Abkürzungen und Zeichen

| | |
|---|---|
| a. B. | adverbiale Bestimmung |
| abh. | abhängig |
| A.c.I. | Akkusativ mit Infinitiv |
| Adv. | Adverb |
| Akk. | Akkusativ |
| Akt. | Aktiv |
| AO | Akkusativobjekt |
| Appos. | Apposition |
| Art. | Artikel |
| attr. Best. | attributive Bestimmung |
| A. u. W. | Art und Weise |
| best. | bestimmt |
| Bez.-W. | Beziehungswort |
| Dat. | Dativ |
| Dem.-Adv. | Demonstrativadverb |
| Dem.-Pron. | Demonstrativpronomen |
| Det.-Pron. | Determinativpronomen |
| DO | Dativobjekt |
| f. | femininum |
| Fut. | Futur |
| Gen. | Genetiv |
| gen. obi. | genetivus obiectivus |
| gen. subi. | genetivus subiectivus |
| GO | Genetivobjekt |
| griech. | griechisch |
| HS, H | Hauptsatz |
| H-Vb. | Hilfsverb |
| Imp. | Imperativ |
| Impf. | Imperfekt |
| Ind. | Indikativ |
| Ind.-Pron. | Indefinitpronomen |
| Inf. | Infinitiv |
| Int.-Adv. | Interrogativadverb |
| Interj. | Interjektion |
| Int.-Pron. | Interrogativpronomen |
| intr. | intransitiv |
| i. S. v. | im Sinne von |
| jdm. | jemandem |
| jdn. | jemanden |
| jds. | jemandes |
| Kj. | Konjunktion |
| Konj. | Konjunktiv |
| lat. | lateinisch |
| m. | maskulinum |
| M-Vb. | Modalverb |
| n. | neutrum |
| Nom. | Nominativ |
| NS, N | Nebensatz |
| O | Objekt |
| P | Prädikat |
| Part. | Partizip |
| Pass. | Passiv |
| Perf. | Perfekt |
| Pers. | Person |
| Pers.-Pron. | Personalpronomen |
| Pl. | Plural |
| Plqpf. | Plusquamperfekt |
| PN | Prädikatsnomen |
| Poss.-Pron. | Possessivpronomen |
| Präp. | Präposition |
| präp. O. | präpositionales Objekt |
| Präs. | Präsens |
| Pron. | Pronomen |
| Pv | Prädikativum |
| PV | Prädikatsverb |
| R | Regel |
| refl. | reflexiv |
| Refl.-Pron. | Reflexivpronomen |
| Rel.-Adv. | Relativadverb |
| Rel.-Pron. | Relativpronomen |
| rez. Pron. | reziprokes Pronomen |
| s. | siehe |
| S | Subjekt |
| S. | Seite |
| sc. | scilicet = nämlich |

| | |
|---|---|
| Sg. | Singular |
| s.o. | siehe oben |
| ST | Satzteil |
| s.u. | siehe unten |
| Subst. | Substantiv |
| tr. | transitiv |
| unbest. | unbestimmt |
| u.a.m. | und andere mehr |
| u.ä. | und ähnliche |
| u.v.a. | und viele andere |
| Vb. | Verb |
| verk. | verkürzt |
| vgl. | vergleiche |
| V-Vb. | Vollverb |
| WA | Wortart |
| WF | Wortform |
| Zt. | Zeit |

| | |
|---|---|
| < | entstanden aus |
| > | geworden zu |

## Grammatische Begriffe und ihre Verdeutschung

| | | |
|---|---|---|
| **A** | Accusativus cum infinitivo (A.c.I.) | Akkusativ mit Infinitiv |
| | Adjektiv | Eigenschaftswort |
| | Adverb | Umstandswort |
| | adverbiale Bestimmung | Umstandsbestimmung |
| | Adverbialsatz | Nebensatz als adverbiale Bestimmung |
| | Adversativsatz | Nebensatz der Gegensätzlichkeit |
| | Akkusativ | 4. Fall, Wen- oder Was-Fall |
| | Aktiv | Tatform |
| | Apposition | substantivische Hinzufügung |
| | Artikel | Geschlechtswort |
| | Attribut | Beifügung, Hinzufügung |
| | Attributsatz | Nebensatz als Attribut |
| **C** | coniunctivus obliquus | Konjunktiv der inneren Abhängigkeit |
| **D** | Dativ | 3. Fall, Wem-Fall |
| | Deklination | Beugung der Nomina |
| | Demonstrativadverb | hinweisendes Umstandswort |
| | Demonstrativpronomen | hinweisendes Fürwort |
| | Demonstrativum | hinweisendes Fürwort oder Adverb |
| | Determinativpronomen | auf Eingrenzung hinweisendes Fürwort |
| | Diphthong | (vokalischer) Doppellaut |
| | direkte Rede | wörtliche Rede |
| **F** | femininum | weiblich |
| | Finalsatz | Absichtssatz |
| | finite Verbform | nach fünf Hinsichten bestimmte Verbform |
| | flektierbar | veränderbar |
| | Flexion | Veränderung der Nomina und der Verba |
| | Futur | Zukunftstempus |
| **G** | Genetiv | 2. Fall, Wes-Fall |
| | Genus (Pl. Genera) | (grammatisches) Geschlecht |
| | Genus verbi | Oberbegriff von »Aktiv« und »Passiv« |
| **H** | hypotaktisch | unterordnend |
| | Hypotaxe | Unterordnung |
| **I** | Imperativ | Befehlsform |
| | Imperfekt | Vergangenheitstempus |
| | Indefinitpronomen | unbestimmtes Fürwort |
| | Indikativ | Wirklichkeitsform |
| | indirekte Rede | nicht-wörtliche, gramm. abhängige Rede |
| | Infinitiv | Nennform, Grundform des Verbs |

| | | |
|---|---|---|
| | infinite Verbform | nach zwei Hinsichten (Tempus und Genus verbi) bestimmte Verbform |
| | Interjektion | Ausrufewort, Empfindungswort |
| | Interrogativadverb | fragendes Umstandswort |
| | Interrogativpronomen | Fragefürwort |
| | Interrogativsatz | durch Interrogativum eingeleiteter Nebensatz |
| | Interrogativum | Fragewort |
| | Irrealis | Nicht-Wirklichkeit |
| **K** | Kardinalzahl | Grundzahl |
| | Kasus | Fall |
| | kausal | begründend |
| | Kausalsatz | Begründungssatz |
| | Komparativ | Vergleichsstufe, 1. Steigerungsstufe |
| | Komparativsatz | Vergleichssatz |
| | Kompositum | zusammengesetztes Wort |
| | kondizional | bedingend |
| | Kondizionalsatz | Bedingungssatz |
| | Konjugation | Veränderung des Verbs |
| | Konjunktion | Bindewort |
| | Konjunktionalsatz | durch Konjunktion eingeleiteter Nebensatz |
| | Konjunktiv | Möglichkeitsform |
| | Konsekutivsatz | Folgesatz |
| | Konsonant | Mitlaut |
| | Konzessivsatz | Einräumungssatz |
| | koordinierend | beiordnend, nebenordnend |
| **L** | Lokalsatz | Umstandssatz des Raumes |
| **M** | maskulinum | männlich |
| | Modalsatz | Umstandssatz der Art und Weise |
| | Modus | Aussageweise des Verbs |
| **N** | neutrum | sächlich |
| | Nomen | deklinierbares Wort |
| | Nominativ | 1. Fall, Wer- oder Was-Fall |
| | Numerale (Pl. Numeralia) | Zahlwort |
| | Numerus | (Ein- oder Mehr-)Zahl |
| **O** | Objekt | Ergänzung des Verbs |
| | Objektsatz | Nebensatz als Objekt |
| | oratio obliqua | indirekte Rede |
| | oratio recta | direkte Rede |
| | Ordinalzahl | Ordnungszahl |

| | | |
|---|---|---|
| **P** | parataktisch | beiordnend, nebenordnend |
| | Parataxe | Beiordnung, Nebenordnung |
| | Partizip | Mittelwort, nominale Verbform |
| | Passiv | Leideform |
| | Perfekt | Tempus der Vergangenheit, vollendete Gegenwart |
| | Periode | Satzgefüge |
| | Personalpronomen | persönliches Fürwort |
| | Plural | Mehrzahl |
| | Plusquamperfekt | Tempus der vollendeten Vergangenheit |
| | Positiv | Grundstufe des Adjektivs und des Adverbs |
| | Possessivpronomen | Fürwort der Zugehörigkeit |
| | Prädikat | Satzaussage |
| | Prädikativsatz | Nebensatz als Prädikativum |
| | Prädikatsnomen | nominaler Teil des nominalen Prädikates |
| | Prädikatsnominalsatz | Nebensatz als Prädikatsnomen |
| | Prädikatsverb | verbaler Teil des nominalen Prädikates |
| | Präfix | Vorsilbe |
| | Präposition | Verhältniswort |
| | Präsens | Gegenwartstempus |
| | Präteritum | Vergangenheitstempus |
| | Pronomen | Fürwort |
| | Pronominaladverb | Umstandsfürwort |
| | Proportionalsatz | Nebensatz der Entsprechung |
| **R** | reflexiv | rückbezüglich |
| | Reflexivpronomen | rückbezügliches Fürwort |
| | Relativadverb | Relativsatz einleitendes Adverb |
| | Relativpronomen | bezügliches Fürwort |
| | Relativsatz | durch Relativum eingeleiteter Nebensatz |
| | Relativum | bezügliches Fürwort oder Adverb |
| | Restriktivsatz | Nebensatz der Einschränkung |
| | reziprok | wechselbezüglich |
| | reziprokes Pronomen | Fürwort der Wechselbeziehung |
| **S** | Simplex (Pl. Simplicia) | nicht-zusammengesetztes Wort |
| | Singular | Einzahl |
| | Subjekt | Satzgegenstand |
| | Subjektsatz | Nebensatz als Subjekt |
| | Subordination | Unterordnung |
| | subordinierend | unterordnend |
| | Substantiv | Hauptwort, Dingwort |
| | substantivieren | zu einem Substantiv machen |
| | Suffix | Nachsilbe |
| | Superlativ | Höchststufe, 2. Steigerungsstufe |
| | Syntax | Satzlehre |

| | | |
|---|---|---|
| **T** | Temporalsatz | Nebensatz der Zeit |
| | Tempus (Pl. Tempora) | Zeit(-form) |
| **V** | Verb | konjugierbares Wort, Zeitwort, Tätigkeitswort |
| | Vokal | Selbstlaut |

# Register